Ln 27/20100

ÉLOGE
DU MARÉCHAL
DE VAUBAN,
DISCOURS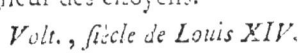

Qui a remporté le prix d'Eloquence, au jugement de l'Académie française, en 1790.

PAR FR.-JOSEPH NOEL,

Professeur en l'Université de Paris, au Collége de Louis-le-Grand, & Soldat-citoyen.

Le premier des ingénieurs,
Le meilleur des citoyens.
Volt., siècle de Louis XIV.

Prix, 30 *sous*.

A PARIS,

Chez GARNÉRY, libraire, rue Serpente, n°. 17.

L'AN SECOND DE LA LIBERTÉ.

ÉLOGE
DE
VAUBAN.

A CETTE époque brillante que le règne de Louis XIV offre à la poésie & à l'éloquence, on voit des magistrats célèbres & d'habiles négociateurs, des généraux qui ont défendu la patrie, des écrivains qui l'ont éclairée, des ministres qui en ont préparé la splendeur ; mais on y distingue avec intérêt un homme (1) simple & modeste, qui fut éminemment citoyen sous un roi, qui prémunit la France contre les malheurs de la guerre, qui fit ou projeta plus de bien que les plus grands conquérans n'ont fait de mal, & que la postérité contemple avec reconnoissance comme le génie conservateur de l'Etat. Cet homme est le Maréchal DE VAUBAN (2), dont le nom s'associe avec dignité à cette foule de grands noms qui ont illustré un des règnes les plus longs & les plus mémorables de la monarchie. Une feule & grande paffion embraffe fa vie toute entière. Cette paffion dominante, à laquelle viennent fe rallier tous fes exploits, tous fes travaux, toutes fes vertus, c'eft le patriotifme, qui lui donne une phyfionomie à part au milieu de tous les grands hommes de fon temps, ofons le dire après Fontenelle, celle d'un Romain dérobé aux plus heureux temps de la république; & c'eft cette vertu qui fera la bafe & l'objet de cet éloge. En un mot, je vais préfenter le citoyen & le patriote dans les camps, à la cour, dans la vie privée, & par-tout où l'entraîne l'amour de la patrie & de l'humanité.

Sans doute ce feroit à quelqu'un de fes dignes élèves à louer le grand homme que j'ofe célébrer. Eh! qui peut mieux apprécier fes talens & fes découvertes, que ce corps illuftre qui fe fait un honneur de recevoir & de propager fes leçons, qui dans tous les temps a pris foin de foutenir fa gloire comme un bien héréditaire, qui ne connoît point de rivaux dans toute l'Europe, & qui, à à l'exemple de fon maître & de fon modèle, infpire aux ennemis du nom français autant d'admiration que de terreur?

Cependant, fans avoir approfondi les myftères de l'art auquel Vauban imprima, en le créant, le fceau de la perfection, j'oferai en raconter les prodiges & les créations sublimes. Je ne discuterai pas, mais je compterai ses titres à la renommée, & je n'en saurai pas moins apprécier sa gloire, parce que je parle, non pas devant une école d'Ingénieurs, mais à la nation qu'il a si bien servie.

Et vous, Français, dans un temps où fiers d'une liberté conquise par le courage & assurée par la sagesse, vous pouvez enfin vous vanter d'avoir une patrie, vous n'entendrez pas sans intérêt l'éloge d'un de vos grands hommes, qui fut en même temps un de vos meilleurs citoyens, qui ne respira que pour la France, qui lui rapporta toutes les affections de son ame, & dont le génie, devançant le progrès des lumières & les révélations de la philosophie, conçut & proposa les moyens de la régénération publique.

LE vainqueur de Lens & de Rocroy avoit tourné contre la France ces mêmes armes qui tant de fois l'avoient fait triompher; &, couvrant la honte de sa révolte à force d'actions brillantes & d'exploits audacieux, il faisoit repentir Anne d'Autriche & son cauteleux ministre, de n'avoir pas ménagé davantage un prince fier, sensible, magnanime dans l'amitié, mais implacable dans ſes reſſentimens. Une jeuneſſe bouillante attirée par la réputation du Grand Condé, venoit apprendre ſous ſes yeux le grand art d'enchaîner la victoire ou de réparer les revers. Dans cette foule eſt confondu un jeune orphelin ſubjugué par la même admiration. Il quitte le toit paternel (3) dans un âge voiſin de l'enfance; &, ſans guide, ſans patrons, ſans fortune, ſoldat obſcur enrôlé ſous des drapeaux rebelles, il commence une carrière qui doit l'élever aux premiers honneurs militaires, & faire un jour la deſtinée d'un grand empire. Déjà s'eſt déclarée cette paſſion impérieuſe qui l'appelle à donner à l'Europe les leçons d'un art inconnu. A l'exemple de preſque tous les hommes que la nature deſtine à devenir grands, ſon inſtinct naiſſant ſe décèle ſans le ſecours des modèles ou des maîtres. Après avoir donné une grande partie du jour aux devoirs de ſon état, il prend le compas ſans quitter l'épée; &, ſon Euclide à la main, il cherche avec l'œil du génie, ſur quelques fortifications antiques, les élémens épars & confus de la ſcience dont il va bientôt être le créateur.

Pendant que ſa jeuneſſe ſe forme à l'école d'un héros, il parcourt ces villes attaquées & défendues par les Spinola, les Alexandre de Parme & les

Naffau; il évoque leur ombre, & interroge les traces de leurs talens. Mais le plus tendre, le plus fidèle des enfans dont la France s'honore, ne doit pas rester long-temps parmi les ennemis qui ravagent ses provinces. Un (4) heureux accident le rend à sa patrie, qui a déja appris à estimer sa valeur. Mazarin l'attache pour jamais à la France, & dès ce moment le patriotisme devient la première passion de son cœur, le principe fécond de ses découvertes, l'aliment de son activité bienfaisante, & le premier titre de sa gloire au tribunal de la postérité.

Je me hâte de passer sur ces actions d'éclat qui signalèrent ses premières armes, sur ces traits de bravoure qui le font admirer de deux armées, lorsqu'il passe les rivières à la nage sous le feu des ennemis. Je ne parlerai pas de ces blessures (5) dont la renommée seule apprend à sa famille qu'il existe encore. J'oublie également & ces premières conduites de sièges, où l'observation prépare déja les élémens d'une théorie nouvelle & savante, & ces services qui arrachent des récompenses, même à l'avarice de Mazarin (6). Jusqu'ici je ne vois qu'un guerrier, dont la bravoure se fait remarquer même au milieu d'une nation qui la porte si souvent jusqu'à la témérité. Jusqu'ici le successeur des Pagan, des (7) Erard, des de Ville, respecte ses illustres devanciers, & semble se faire un honneur de marcher sur leurs traces.

Quoique la France, depuis plus de deux siècles, fût le théâtre de la guerre, quoique l'Europe depuis long-temps fût toute guerrière, l'art des fortifications & des sièges étoit encore au berceau. Un respect superstitieux pour la méthode des anciens, avoit jusqu'alors arrêté les progrès du génie, qui se traînoit servilement dans le sentier étroit de la routine & de l'imitation.

Des tours saillantes (8) qui ne peuvent être protégées par le feu de la place, des feux isolés qui se nuisent loin de se servir, des murs d'une hauteur plus menaçante que redoutable, & par-là même plus aisés à foudroyer ; une enceinte de marais plus à craindre en temps de paix par leurs vapeurs pestilentielles, que les ennemis en temps de guerre ; peu d'harmonie entre les différentes parties d'une place forte, nulle correspondance entre les forteresses d'un même empire, nul rapport des fortifications aux autres branches de l'art militaire, l'attaque aussi peu avancée que la défense, & toujours meurtrière dans ses principes comme dans ses moyens, les ressources de la nature & le jeu des élémens négligés ou méconnus ; tel étoit l'état de la science des fortifications, que le préjugé barbare d'une noblesse ignorante sembloit condamner à une longue enfance, & que l'orgueil regardoit comme un art mécanique qui ne devoit être exercé que par des mains roturières. Mais Vauban en a senti toute la noblesse & l'importance. Il voit dans l'histoire, & encore plus dans l'avenir, l'influence des places fortes (9) sur la défense des Etats. Il les voit servir tantôt de retraite, tantôt de boulevard, ailleurs d'entrepôt ou de lien de communication, soutenir les victoires & donner le temps de réparer les échecs, recueillir les débris, rappeler la fortune par une résistance combinée, diminuer la somme des maux que la guerre entraîne ; enfin, au milieu du bruit des armes, faire jouir les habitans des villes & des campagnes de toutes les douceurs de la paix.

Loin de croire, comme on l'a prétendu de nos jours, sans doute pour rabaisser sa gloire, que les places fortes ne sont que l'asyle de la mollesse & le principe de la corruption, il les appelle, avec Montecuculli, *les ancres sacrées qui sauvent un empire*, & les regarde sur-tout comme des secours nécessaires à la vivacité & à la mobilité française (10). Mais pour achever d'agrandir & d'annoblir fon art, il conçoit le projet de l'attacher pour jamais à la confervation des empires. On va le voir développer fucceffivement des créations nouvelles, embraffer l'enfemble fans perdre de vue les détails auxquels fon efprit defcend fans jamais fe rétrécir, concilier la grandeur & la fimplicité, l'économie du temps avec celle du fang & de l'or, ménager fes pofitions de manière a faire protéger la forterefse par l'armée, & l'armée par la forterefse; montrer l'inventeur dans la nouveauté feule & la jufteffe des applications; enfin, imprimer à fes grandes vues, aufsi bien qu'à fes procédés partiels, une telle fupériorité qu'ils fervent encore aujourd'hui de modèles.

Mais trop fage pour heurter de front l'ignorance & la petiteffe, qui tiennent aux vieux ufages avec une opiniâtreté plus jaloufe encore que fuperftitieufe, ce n'eft que peu à peu qu'il déroge aux principes établis; il fe dégage infenfiblement de fes entraves, & pour s'affurer le droit d'être utile, il ménage avec adreffe & les préjugés des fubalternes, & l'orgueil des fupérieurs, qui ne connoiffent & n'approuvent qu'un mérite, celui d'une aveugle obéiffance.

Jeune encore, fans aucun talent pour l'intrigue & pour le manège des cours, mais déja connu par d'importans services & par d'éclatans exploits, comptant déja des disciples (11) qui promettent de devenir un jour ses rivaux, son mérite seul a parlé pour lui & décidé le choix du ministre; & c'est au siège de Gravelines que, libre désormais de prendre son essor, il va montrer à l'Europe étonnée le spectacle imposant d'un art qui sort de l'enfance, pour s'élever rapidement jusqu'au plus haut degré de sa perfection. Tout semble concourir à développer ses talens supérieurs ; des hommes célèbres réunis dans le même intervalle de temps, & s'animant mutuellement par leurs regards, des exemples fameux & multipliés, des occasions fréquentes d'héroïsme & de gloire. Des capitaines renommés demandent Vauban pour seconder leurs opérations ; car les grands hommes, supérieurs à la jalousie, se devinent, & le génie appelle le génie.

Par-tout sa gloire justifie leur choix ; tous lui renvoient l'honneur du succès, & le maréchal de la Ferté lui prédit que s'il échappe aux hasards des combats, il s'élevera jusqu'aux premiers honneurs de la guerre. Ypres, Oudenarde cèdent à des attaques imprévues & bien combinées, & donnent une nouvelle force à ces flatteuses prédictions.

La paix des Pyrénées vient foulager un moment deux nations rivales & épuifées, fermer les plaies que la victoire même laiffe après elle, & rendre à la France le grand Condé, le premier maître, le premier objet de l'admiration de Vauban. Mais fi pour les guerriers ordinaires la paix eft un temps de délaffement & de plaifir, elle ne l'eft pas pour l'homme de génie qui veut reculer les bornes de fon art; & pour Vauban elle fut toujours auffi active que la guerre.

Le cardinal de Mazarin n'étoit plus, & déja commençoit à régner en effet un roi jeune, belliqueux, avide de conquêtes, d'un efprit ambitieux & d'un grand caractère, habile appréciateur du mérite autant que magnifique rémunérateur des fervices, qui, entouré d'une foule de grands hommes dans tous les genres, ne parut pas déplacé à leur tête, & fut leur infpirer une ivreffe qui fut portée jufqu'à l'idolâtrie. La renommée lui a déja montré le modefte Vauban, qui, content de mériter les honneurs, les laiffe briguer aux courtifans, ne defire que d'être utile, & dans le filence de la retraite étudie les moyens de pouvoir l'être encore davantage. Le monarque jette les yeux fur lui, pour le charger de mettre le royaume à l'abri des invasions & des hostilités, & une sorte de pressentiment semble l'avertir que la gloire de son règne & le salut de l'Etat sont attachés au choix qu'il vient de faire.

Vauban s'empresse de répondre à la confiance dont l'honore son roi. Sûr de sa protection & de son suffrage, il se livre à toute l'énergie de son talent, & c'est alors qu'on voit éclore un art tout nouveau. Aux vues que nous avons développées, il en joint de plus savantes encore sur le choix du terrein. Déja tombent de toutes parts ces tours orgueilleuses élevées sur la cime des rochers, inaccessibles peut-être au fer & au feu, mais non pas à la famine qui les assiége (12). Une haie de bastions artistement ménagés ne sort du rempart que pour présenter une pointe menaçante à l'ennemi qui se trouve investi de feux qui se croisent & le prennent dans tous les sens. Chaque ouvrage se défend lui-même, & reçoit de l'ouvrage voisin la défense qu'il lui rend à son tour. La salubrité seule décide de l'emplacement, & la malignité de l'air fait sacrifier les positions les plus avantageuses. Désormais les places fortes situées en plaine, à la portée des convois & des subsistances, secourues par les eaux dont les grandes manœuvres seront appelées à leur secours, défendues par des fortifications rafantes qui bravent les foudres ennemies, garantiront les campagnes de l'incendie & du ravage, & les couvriront de leur feu protecteur.

Mais ces principes mêmes varient fuivant le fite & la nature des lieux, & Vauban, qui laiffe aux efprits bornés l'application facile de quelques règles conftantes, ne fuit que l'impulfion de fon génie, & déclare qu'il n'adopte point de manière exclufive. Trop fouvent l'auteur d'un fyftême veut tout ramener, de gré ou de force, à fa théorie. Vauban fait en changer fuivant la différence locale des places qu'il doit fortifier. D'un coup-d'œil d'aigle, il faifit les rapports militaires & politiques qui font la véritable valeur des places fortes, choifit les pofitions, lie les poftes entre eux, fe plie aux divers accidens de la nature, maîtrife les élémens, les irrégularités du terrain; les obftacles même deviennent des moyens fous fes mains victorieufes, & les fleuves, les rochers, les marais, les montagnes & les mers, dociles à fa voix, s'étonnent d'entrer dans la grandeur de fes plans & de fe trouver tributaires de fon génie. Enfin toutes les défenfes d'une même place, toutes les places d'une même frontière, toutes les frontières du même royaume, confpirent entre elles pour la fureté générale, & par une conception sublime, qui n'appartient qu'à Vauban, l'état entier devient une forteresse dont les différens points donnent & reçoivent une protection réciproque.

Bientôt la guerre se rallume, & Louis XIV se dispose à faire valoir des droits auxquels il ne renonce plus, depuis qu'il sent sa force & sa puissance. Il entre comme la foudre dans la Flandre espagnole, hérissée de citadelles qui passent pour imprenables. Vauban, compagnon de ses travaux, & le plus sûr instrument de sa gloire, ne forme aucune attaque infructueuse, & à sa vue s'écroulent ces boulevards si fiers d'avoir vu les plus grands capitaines se consumer en vain devant leurs murs. Lille, la plus redoutable barrière des Pays-bas, ouvre ses portes au vainqueur, pour en recevoir plus de force qu'elle ne lui en avoit opposée. Une citadelle s'élève plus parfaite que tout ce que l'art a produit. Des services nouveaux sollicitent des récompenses nouvelles (13), & Vauban est chargé de défendre ce qu'il vient de créer, sans avoir brigué cet honneur, comme il n'en brigua jamais d'autre.

Cependant l'imprudence des Hollandois a blessé l'ame altière de Louis XIV, & le monarque français est résolu d'humilier ces fiers républicains, dont la hauteur a révolté la sienne. Il paroît lui-même à la tête de ses troupes, & sa présence donne un nouvel aiguillon au courage de ses intrépides guerriers. Tout plie sous l'effort de ses armes, & les plus fortes places n'opposent de résistance que ce qu'il en faut pour relever la gloire du vainqueur. Et quelle puissance pourroit lui résister? Turenne & Condé mènent ses troupes à la victoire, & Vauban fait tomber à ses pieds les plus superbes remparts. Heureux monarque ! comblé de toutes les faveurs, enivré de toutes les séductions, glorieux de tous les succès, on t'a reproché l'excès de ton ambition : on t'a jugé aussi sévèrement que tu fus délicatement flatté. Tes torts furent grands en effet, & leurs suites funestes font encore gémir la France, à qui ta gloire à coûté bien cher. Mais quel roi, quel sage sur le trône, eût pu se défendre de l'ivresse qui t'égara, à la tête d'une nation belliqueuse, ardente, & entouré de cette foule de héros qui s'empressoient d'éclore sous tes yeux ?

Une campagne plus brillante encore que toutes celles qui l'ont précédée, va mettre le sceau à sa renommée. Trois rivières passées, quarante villes prises frappent l'Europe d'étonnement, & portent en tout lieu la gloire des armes françaises. Ces remparts formidables qu'éleva la main de Cohorn s'abaiffent devant lui (14). Namur, où le rival de Vauban a déployé tout fon art, fuccombe, & fon défenfeur en fort en frémiffant de colere & de dépit. N'en fois point humilié, ô Cohorn ! Ne baiffe point la tête & ne détourne pas tes regards en paffant devant ton vainqueur. Il eft au-deffous de Vauban des places honorables, & ton nom après le fien peut arriver encore avec gloire à la poftérité.

MAESTRICHT (15) eft témoin de créations plus intéreffantes encore. Pour la première fois une intelligence bienfaifante s'eft occupée du falut de ces milliers d'hommes qui font raffemblés pour venger les querelles des rois (16). Le même génie qui doit imaginer ces batteries foudroyantes, dont les feux rapides bondiffent par brufques & impétueufes faillies, introduit l'ufage de pratiquer des places d'armes (17) dans les tranchées, pour y ranger les troupes en bataille, pour les rallier dans les forties, & les mettre à couvert du feu des affiégeans. L'effet répond à fes vues, & Vauban s'applaudit plus que de toute autre invention, d'avoir, au milieu des moyens de deftruction & de carnage, trouvé des moyens de falut & de confervation ; & les fièges les plus meurtriers ne lui coûtent pas plus

Batteries à ricochet.

de sang qu'aux assiégés. C'est là le sentiment touchant qui l'anime sans cesse ; c'est ce noble caractère de conservateur (18) des hommes qui le distingue des autres guerriers. Aussi le peuple des armées, qui, comme celui des villes, est juste & reconnoissant, lui tient compte de ce saint respect qu'il a pour le sang des hommes. Une confiance aveugle précipite officiers & soldats sur ses pas (19). L'obéissance, qui n'est plus un devoir, mais un besoin du cœur, les fait voler au milieu des hasards, & tous brûlent de prodiguer des jours auxquels ils savent que leur général attache quelque prix. Il partage avec son ami Catinat la gloire si douce d'être obéi, parce qu'il est adoré ; & tout son embarras est de modérer le zèle & de mettre des bornes au dévouement. Cette disposition généreuse est l'ame de toute sa conduite militaire ; & il ne faut pas moins qu'un aussi grand motif pour forcer le modeste Vauban à donner à Louis XIV un avis opposé à celui de cinq maréchaux de France, au siège de Valencienne (20).

Valencienne semble devoir être le terme des conquêtes de Louis XIV & l'écueil de ses prospérités. Tranquille au centre de ses triples remparts, environné de l'Escaut qui l'embrasse à double replis de ses eaux rapides & profondes,
défendue

défendue par une nombreuse garnison, hériffée de foudres qui tonnent de toutes parts, armée de tout ce que l'art des fortifications a pu imaginer de plus savant & de plus meurtrier, elle offre partout un front redoutable, & dans un seul siége annonce aux assaillans les longueurs de plusieurs siéges réunis. Comment emporter ces ouvrages multipliés qui se couvrent, s'enferment & se commandent les uns les autres ? La nuit seule semble pouvoir protéger une attaque si téméraire. C'est l'usage reçu, la méthode de tous les généraux, & le vœu d'un conseil composé de grands capitaines. Vauban seul est d'un avis contraire. Les raisons victorieuses qu'il oppose triomphent malgré l'ascendant de Louvois, & Louis se montre digne de commander à de grands hommes, en sachant accueillir leurs conseils. Le succès justifie celui de Vauban, & désormais son roi l'assure d'une confiance sans réserve. Cette confiance le mène à de nouveaux efforts & à de plus pénibles travaux. Siéges tracés ou conduits, places prises & réparées, frontières visitées & mises en défense, ports & canaux creusés, voyages fréquens d'armée en armée, de province en province, d'une extrémité du royaume à l'autre ; tel est le tableau rapide des soins qui l'occupent, & qui ne sont pas terminés par la

B

paix de Risvick ; & Vauban rappelle ces fiers Spartiates, pour qui la paix étoit la méditation de la guerre, & la guerre le délassement de la paix.

Sors du sein de l'océan étonné, chef-d'œuvre de Vauban, port célèbre, dont la force & la majesté irrite la jalousie de nos voisins ; consacre à jamais le nom de ton auteur, & réponds à ses grandes vues en protégeant Dunkerque, en défendant nos côtes, en ouvrant un asyle à nos vaisseaux. Puissent de cruels revers ne pas imposer à ton roi la triste nécessité de te combler de ses propres décombres, & de te condamner à une longue ignominie ! Puisse au moins Vauban ne pas être témoin de ton humiliante dégradation ! ou, puisque le sort lui réserve cet affligeant spectacle, que ne peut-il voir dans l'avenir l'heureuse révolution qui doit effacer la honte du nom français ? Ah ! si son ombre fortunée s'occupe encore du bonheur d'une patrie qu'il a tant aimée, quelle doit être sa joie en voyant un nouveau Dunkerque secouer le joug honteux dont s'indignoient ses murs témoins de son ancienne gloire, sortir de ses ruines plus fort & plus redoutable, & jouir enfin de cette liberté que le pavillon français a rendue à toutes les mers !

Mais pourquoi devancer l'époque défaftreufe de nos difgraces ? Nous avons encore des temps heureux à peindre, & Vauban doit affurer aux armes françaifes plus d'un triomphe & plus d'un fuccès. Je le vois de la même main conftruire & foudroyer des remparts, élever à Strafbourg, à Montroyal, à Huningue, les boulevards inexpugnables de la France ; placer, pour ainfi dire, les limites de la fcience à New-Briffac (21), que Cohorn, dans fon enthoufiafme, appelle *les merveilles de l'art*, parcourir une province (22) nouvellement conquife, & l'attacher à la métropole par le lien durable des bienfaits ; rendre une rivière navigable par un plan qui ne peut être exécuté que par celui qui l'a conçu, & qui ouvre à l'Alface la facilité des tranfports & les fources du commerce.

Louis XIV (23) veut-il affurer la gloire des armes de fon fils ? il lui donne Vauban pour compagnon de fes exploits, ou plutôt pour garant de fes fuccès ; & Philisbourg, Manheim, Frankendal, Luxembourg, qui, fier de fon rempart de rochers, a bravé les efforts des grands capitaines, s'humilient devant les armes françaifes ; & le nom de Vauban eft tellement lié aux idées de victoires (24), que le févère Montaufier, qui ne flatta jamais perfonne, le

B 2

cite comme plus terrible encore qu'une armée formidable & que cent foudres menaçans. Les étrangers eux-mêmes appellent ſes lumières & ſes ſecours; le duc de Savoie (25), notre allié, reçoit de lui des armes qu'il ſaura nous oppoſer avec ſuccès quand il deviendra notre ennemi, & les plans que Vauban a tracés vont défendre les frontières des Impériaux contre la fougue des Ottomans. Enfin il devient une ſorte de providence invoquée par toutes les nations, dont la protection couvre le foible, repouſſe la violence & fait la deſtinée des empires.

Voilà ce qu'a fait Vauban; & ce n'eſt encore là qu'une foible eſquiſſe des ſervices militaires qui lui méritent ſa gloire & le rang que l'envie lui diſpute vainement. Pourquoi cet art vainqueur, ſi brillant ſur les remparts & dans la tranchée, eſt-il ſi rebelle à l'éloquence? Pourquoi ne puis-je parler de toutes ſes heureuſes innovations, & aſſigner à chacune d'elles le rang qu'elle doit tenir dans la reconnoiſſance de la poſtérité? Vauban, toujours nouveau, toujours fécond, toujours différent de lui-même, donne à chaque ſiége un caractère particulier d'attaque ou de défenſe, & le timide orateur ne peut ſuivre la rapidité de ſon héros, ni varier ſes louanges comme il varia ſes exploits.

Contentons-nous d'indiquer dans Vauban ce caractère de combinaison & d'industrie qu'il fut imprimer à l'art de la guerre, cet esprit de méthode & de calcul qui ne nuisit ni à la vigueur ni à la rapidité, ce foyer immense où tout venoit se réunir, fortifications, artillerie, tactique, conduites de siéges, & qu'il a fallu après sa mort diviser à l'infini. Demandons pardon au grand homme que nous osons louer, de rester au-dessous du sujet. Trois cents villes fortifiées & réparées par Vauban, sont le plus bel ouvrage qu'il ait composé lui-même en son honneur, & le plus brillant de tous les éloges (26).

Mais bientôt va s'arrêter ce cours de prospérités non interrompues, qui ont excité l'admiration, irrité la jalousie de l'Europe entière; &, par une fatalité remarquable, nos disgraces commencent au moment où la première dignité militaire prive la France des talens & des services de Vauban. Dans l'inaction forcée où le réduisent les courtisans, dont l'art profond trouve dans les récompenses mêmes un moyen d'enchaîner le mérite qui leur fait ombrage, il pleure les malheurs de sa patrie, & proteste plus d'une fois qu'il fouleroit aux pieds avec joie les marques de sa dignité, pour la servir encore.

Vains regrets ! Le siége de Turin (27) est résolu, & ce n'est pas Vauban qui doit le conduire. Fier de l'alliance de Chamillard, qui, pour assurer à son gendre l'honneur de cette entreprise, a prodigué les ressources de plusieurs campagnes, La Feuillade (28) voit avec complaisance toutes les forces qui se rassemblent pour préparer son triomphe, & s'applaudit déja de sa conquête. En vain le généreux Vauban s'offre-t-il à servir sous un officier moins avancé que lui dans la carrière militaire ; le roi, prévenu par le ministre, lui représente que c'est compromettre sa dignité. *Sire*, s'écrie Vauban dans un élan d'enthousiasme patriotique, *ma dignité est de servir l'Etat : je laisserai mon bâton de Maréchal à la porte, & j'aiderai peut-être M. de La Feuillade à prendre Turin. — Je prendrai Turin à la Cohorn*, dit le présomptueux favori. Le succès même le plus rapide n'eût pu excuser cette vaine jactance. La défaite de l'armée française dans ses lignes, une retraite honteuse & précipitée, la perte de nos immenses & dispendieux préparatifs, tous ces revers en sont la juste punition ; & Vauban, loin de se réjouir de l'humiliation du courtisan, n'y voit qu'un sujet d'affliction pour lui-même, parce que c'en est un pour toute la France.

Louis XIV après une ivresse de trente années commence à faire l'apprentissage des malheurs. La révocation de l'édit de Nantes en est l'époque désastreuse. Des querelles oiseuses qui n'eussent jamais dû sortir de l'ombre des écoles, succèdent aux projets des conquêtes, à l'éclat des fêtes galantes, à la joie des victoires, au triomphe des arts. Frappé dans sa triple postérité, il voit en même temps sa maison dans le deuil, ses troupes découragées & battues, ses trésors épuisés, & les cœurs de ses sujets s'aliéner sans retour. Louvois & Colbert ne sont plus ; ils ne sont plus ces grands capitaines qui faisoient respecter ses armées en Flandre, en Allemagne, en Italie & sur toutes les mers ; ou, s'il reste encore quelques dignes élèves des Turenne & des Condé, ils sont écartés par des ministres jaloux, qui se font un devoir d'employer des hommes médiocres comme eux. Villeroi commande, & la retraite obscure de Saint-Gratien cache le vainqueur de Staffarde & de Marsaille.

Vauban a eu trop de part à la gloire de ce règne, pour ne pas se ressentir de l'humiliation de son roi & de sa patrie. Ces superbes remparts où la France a épuisé son or, & Vauban tous les prodiges de son art, l'impérieuse nécessité force de les abattre, & le citoyen renverse avec dépit ces murs formidables devant lesquels seroient venus échouer tous les efforts des ennemis. C'est dans ces temps malheureux que Vauban ouvre ce grand & magnifique avis, qui peut-être eût changé la face des deux mondes. Le trône de Philippe V est ébranlé, & l'Archiduc est déja couronné dans Madrid. Vauban propose alors d'abandonner l'Espagne aux Autrichiens, d'aller jeter les fondemens d'une monarchie nouvelle dans les vastes domaines de l'Amérique Espagnole, & son génie audacieux semble appeler d'avance l'indépendance du Nouveau-Monde. Mais sa patrie a droit à ses premiers services. Dans les jours de deuil de la France, c'est encore lui qui en est le dieu tutélaire. Il veille sur nos côtes, sur nos frontières, sur nos remparts; il se porte d'une province à l'autre avec une rapidité qui prévient les suites funestes des batailles d'Hochstet & de Ramillies. Un profond secret couvre sa marche, déconcerte tous les plans; & les alliés, incertains quelle ville est couverte par sa protection, le croient dans toutes & n'en osent attaquer aucune. Ce nom redouté oppose seul une barrière impénétrable; & telle est la terreur qu'il inspire aux ennemis, qu'ils ne le mettront jamais à portée de laisser à ses élèves la leçon mémorable d'une ville défendue par celui qui n'en attaqua jamais en vain. Un souverain jaloux qui tourne en rugissant autour de nos frontières, ne pouvant trouver d'endroit foible pour pénétrer dans le royaume, s'écrie dans un mouvement involontaire d'admiration & de respect : *Se peut-il qu'un seul roi, aidé d'un seul homme, ait exécuté tant d'étonnans travaux ?*

Les services de Vauban ne se bornent pas, comme ceux des grands capitaines, à la durée de sa vie ; ils s'étendent au-delà du trépas. Cette triple enceinte, dont il a entouré la France, n'est point entamée au milieu de nos plus grands malheurs. Les Calvo (29), les Montal, les Dufay, les Chamilli (30), les Bouffiers défendent les places qu'il a fortifiées avec une intrépidité louée des assaillans eux-mêmes (31). Lille retient quatre mois devant ses remparts, Eugene & Marlborougk ; & si l'ennemi pénètre dans le royaume, c'est que la Provence seule, moins heureuse que les autres provinces, n'a pas été confiée à l'influence bienfaisante de son génie protecteur. Enfin la victoire revient-elle favoriser nos drapeaux ? c'est encore Vauban qui la rappelle du fond de sa tombe ; l'impétueux torrent s'arrête devant

Landrecy, & c'est Vauban qui a préparé les lauriers de Villars & la victoire de Denain.

Et voilà le guerrier qu'on veut effacer de la liste de nos grands hommes ! Voilà celui qu'on dénonce à la France comme le premier auteur de la dette nationale ! L'envie, qui n'osa jamais l'attaquer de son vivant, qui pendant plus d'un siecle a respecté sa gloire, semble avoir attendu le moment où la patrie lui rend un honneur public, pour soulever sa tête hideuse, pour murmurer des blasphêmes sur la tombe d'un héros, & mêler sa voix impure aux cris de l'amour & de la reconnoissance ! Il n'est donc point de nom célèbre qui puisse échapper à la malignité de ses traits ! Il n'est point de succession de temps qui puisse mettre à couvert de ses fureurs les services & la gloire ! Il semble que celui-là n'est pas vraiment grand qu'elle n'a pas encore attaqué. C'est en effet la dernière épreuve des grands hommes, & les clameurs de l'envie sont le complément de leur apothéose. Je sais qu'il n'est que trop de réputations usurpées, & la philosophie a toujours le droit de dissiper ces vains prestiges. Mais elle ne peut qu'applaudir à l'excellent citoyen qui ne vouloit qu'être utile, qui sacrifioit tout à cette feule vue, fortune, avancement, & la gloire même, la gloire fi douce quand elle eft méritée (32) ; qui refufa long-temps un grade élevé, parce que fes relations fréquentes avec les miniftres pouvoient nuire à fes travaux ; qui étoit affez fupérieur à l'envie pour vouloir conquérir à la France le favant Cohorn (33), le feul rival de la gloire qu'il eût dans l'Europe entiere ; dont les fecours publics alloient chercher le guerrier indigent à qui fa fortune ne permettoit pas de continuer à verfer fon fang pour la patrie ; qui déguifoit fes dons généreux fous le nom modefte de reftitution. *Je ne fais, difoit-il, que rendre aux braves officiers ce que je reçois de trop des bienfaits du roi;* enfin qui réfiftoit même à la reconnoiffance du prince, en lui adreffant ces paroles que le monarque n'avoit jamais entendues de la bouche d'un courtifan : *Sire, fi j'ai mérité quelque chofe, ne m'ôtez pas ma récompenfe, laiffez-moi vous fervir.* Ah ! s'il étoit poffible que la reconnoiffance des peuples eût exagéré les titres & les fervices de celui qui les défendit des ravages de la guerre, qui ouvrit la carriere & y marcha à pas de géant, qui n'avoit pas eu de modele & ne trouva pas de rival au milieu des Condé, des Turenne, des Luxembourg, des Catinat & des Villars, je voudrois encore qu'on respectât sa gloire ; je dirois à ces officieux scrutateurs qui entreprendroient de nous détromper, armés de calculs (35) vagues, de sophismes & de sarcasmes indécens : « Laissez-nous une erreur qui nous est chère (36) ; n'ôtez pas à votre nation les objets de son culte & de son amour, les modeles de ses efforts & de sa louable émulation. Ah ! loin de les rabaisser à nos yeux, consacrez tout votre talent à les rehausser encore. Respectez un usage pieux qui acquitte la dette de la nation envers les citoyens qui l'ont illustrée, & au lieu d'attaquer un héros qui n'est plus, venez avec nous placer sa statue dans le temple des demi-dieux français, venez graver sur la base : A VAUBAN CONSERVATEUR DES HOMMES ».

Si le héros que je célèbre n'eût point été un de ces hommes rares & supérieurs, appelés par la nature à faire une révolution dans la carriere où l'instinct du génie leur dit de s'élancer, il mériteroit encore l'estime des bons citoyens & les éloges de la postérité, par cette activité qui embrassoit tout ce qui pouvoit être utile à sa patrie. Le vice de nos institutions modernes est d'avoir rétréci le génie à force de claffer les individus. On diroit qu'elles ont voulu faire des guerriers, des magistrats, des prêtres, & point de citoyens. Formées par des barbares des débris de l'Empire romain, & calculées souvent pour l'intérêt des despotes, elles ont élevé des barrières entre les professions de la société, &, d'une main sacrilége, posé les bornes de l'esprit humain. L'homme, calomnié, s'est méconnu lui-même. Refferré dans les entraves des gouvernemens & des corporations, il s'est énervé au physique & au moral. Sous le prétexte spécieux de faire éclore des talens supérieurs, en les appliquant à un seul objet, on a multiplié les hommes médiocres, & nous ne regardons plus qu'avec une admiration froide, & presque avec le dédain de l'incrédulité, ces Grecs & ces Romains tout-à-la-fois orateurs, hommes d'état, jurisconsultes, guerriers, pontifes & magistrats. Mais Vauban, si digne à tous égards d'être né parmi eux, s'élève par la force de son génie au-dessus de ce préjugé barbare. Le patriotisme a développé toutes les facultés de son ame, & toutes ces facultés sont consacrées au bonheur de la patrie. Sa vie privée, moins brillante que sa vie publique, n'est ni moins active, ni moins utilement occupée. Cette main qui a foudroyé de formidables remparts, qui a posé les barrières de l'Empire français, creusé des ports, construit des arsenaux, tracé des routes, multiplié les correspondances, les relations de commerce, les communications faciles & les moyens de navigation intérieure, jetté des ponts sur des fleuves rapides, desséche des eaux stagnantes, porte la fraîcheur & la vie sur des campagnes arides, ouvre des canaux, oppose des digues à des torrens débordés. Toulon donne des lois à la Méditerranée, & le créateur du canal de Languedoc, le célèbre Riquet (36), s'honore en associant Vauban à son immortelle entreprise. Toutes les branches de l'administration politique appellent à-la-fois & partagent son attention. Il approfondit les principes du commerce & les moyens de l'établir sur les bases immuables d'une libre concurrence, & s'efforce d'ouvrir cette source de richesses à la noblesse indigente. Il porte un esprit d'ordre & de lumiere dans le sombre chaos des finances, & observe les causes, les symptômes & les progrès de cette maladie secrette qui mine sourdement presque tous les corps politiques, & les menace tôt ou tard de leur désorganisation. Il s'efforce de réduire les frais énormes de la guerre, & leur tendance funeste à s'augmenter sans cesse. Il prévoit l'influence que doivent acquérir un jour ces forteresses mobiles qui protègent les mers, assigne les rades & les ports qui peuvent intéresser la France, apprécie l'utilité de la marine marchande qui lui a déja donné Jean Bart & Duguài-Trouin, & désire sur-tout qu'on encourage ces armemens particuliers, école d'audace & d'intrépidité, pépinière de matelots & de soldats qui troublent le commerce ennemi en protégeant le commerce national. Ses vastes combinaisons franchissent les mers & s'étendent jusques sur nos colonies. Enfin il n'est point de détail (36) qui échappe à son activité bienfaisante, parce qu'il n'en est pas d'indifférent pour la prospérité de l'Etat.

Mais quoiqu'il se soit occupé des moyens de faire fleurir les manufactures suivant les principes de Colbert, à l'exemple de Sully, l'agriculture est l'objet principal de ses veilles & de sa prédilection.

Dans ces voyages fréquens, qui sont pour ainsi dire des cours d'étude du bien public, il voit de plus près la misère des campagnes, & sent plus vivement le désir de soulager cette classe utile, si long-temps négligée, & sur laquelle a tant pesé le fardeau des charges publiques, jusqu'au moment où le cultivateur, à la voix de la sainte égalité, a vu tomber ses chaînes flétrissantes, & s'est reveillé homme & citoyen. Ces hommes simples, trop accoutumés aux dédains & aux mépris de ceux qu'ils font vivre, s'étonnent de voir un grand Capitaine pénétrer dans leurs chaumières, s'informer avec bonté de leur modique salaire, de la nature du sol qu'ils fécondent, de l'abondance ou de la médiocrité de leur récolte ; leur donner des leçons d'agriculture & d'économie, essuyer leurs larmes, & marquer sa visite par des secours inespérés. Comme dans ses principes le bonheur des campagnes est la base de la prospérité des empires, il ne s'en tient pas à ces secours passagers; il médite profondément sur les moyens de soustraire les cultivateurs aux oppressions du fisc & aux caprices des saisons. Avant de jeter les fondemens de cet important ouvrage, aidé des lumières & des correspondances de Catinat, il étudie & compare les finances de tous les pays où tous deux ont porté la guerre ; & ce n'est qu'après un examen réfléchi qu'on voit éclore le projet de la dîme royale (37), repoussé durement par Louis XIV, long-temps ridiculisé par les courtisans si intéressés au maintien des abus, & par les prétendus hommes d'état, dont tout le talent consiste dans un attachement

aveugle

aveugle aux formes antiques, mais qui s'en va devenir le principe de notre restauration, & par conséquent assurer à Vauban une gloire égale a celle de ses talens militaires; car ce qui caractérise l'homme de génie, c'est de devancer en tout ses contemporains, de franchir son siècle & de penser comme la postérité. Il n'a manqué peut-être à Vauban qu'un roi assez citoyen pour vouloir le bien, assez courageux pour le faire lui-même, ou du moins pour le laisser faire, & Vauban auroit pu s'asseoir entre Colbert & Sully, & se placer même au-dessus d'eux.

Le principe simple & fécond qui fait la base de la Dîme Royale, est une répartition égale qui suppose les sacrifices des classes privilégiées. La nature de cette contribution fraternelle est de s'étendre, sans jamais prêter à l'arbitraire, & de s'accroître progressivement suivant les besoins de l'Etat. Son mérite est d'être juste dans la proportion, facile dans la répartition, simple dans la perception. Ses heureux effets sont de remédier à la misère générale, d'acquitter la dette publique, de revivifier les campagnes; d'éclairer les sourdes malversations du fisc, de supprimer l'impôt dévastateur de la gabelle, de faire tomber ces barrières qui s'élèvent entre les enfans d'une même patrie, & par-là de rendre au commerce intérieur toute sa splendeur & toute son activité.

Tels sont les fruits des veilles de Vauban : ses courses, ses voyages, ses observations, ses nombreuses correspondances, ses entretiens, ses pensées, tout se rapporte à un seul objet, le bonheur des citoyens & la prospérité nationale (39).

Aussi, parmi cette foule de héros qui sont l'ornement & l'appui du trône, Vauban est le seul qui, par un courage plus étonnant que celui qui force des remparts & gagne des batailles, & qui lui est particulier dans ce siècle & dans cette cour, ose élever la voix en faveur de la vérité, sans ménagemens, sans relâche ; & le même homme qui, dans son enthousiasme pour le bien public, écrit aux vertueux magistrats bienfaiteurs d'une province (39), pour leur en témoigner sa reconnoissance, dénonce avec le même zèle les abus & les malversations au magistrat suprême que la nation arme de sa force, pour réformer les uns & pour punir les autres.

S'il faut du courage pour faire entendre la vérité aux oreilles superbes des rois, il en faut peut-être encore plus pour la dire à leurs miniſtres, qui pardonnent encore moins que leurs maîtres la noble hardieſſe & la franchiſe de l'homme de bien. Vauban, qui n'a jamais connu l'intrigue, qui ne paroît à la cour que lorſqu'on l'y appelle, & qu'on n'y appelle que pour y porter des lumières & des conſeils, Vauban eſt courageux à Verſailles comme dans les camps. L'impérieux Louvois, qui traverſoit Turenne, dont la protection humilioit Catinat, & qui faiſoit expier à Luxembourg ſes lauriers dans les fers & dans les tracaſſeries d'une affaire auſſi odieuſe que ridicule, qui, tout à-la-fois courtiſan & deſpote, ſubjuguoit Louis IV lui-même & le fatiguoit de ſes baſſeſſes & de ſes hauteurs; Louvois honore Vauban, ſe fait gloire de prendre ſes leçons & de déférer à ſes avis. Vainement deux miniſtres partagent-ils toute la cour, & chacun d'eux voue-t-il aux courtiſans de ſon rival une haine implacable, Vauban, ſupérieur aux petites cabales des cours, neutre entre deux ligues puiſſantes, entre Louvois & Colbert, leur en impoſe à tous deux par ſa probité autant que par ſon génie, & fait reſpecter ſa neutralité (40).

Enfin, lorſque le même Louvois perſécute, empriſonne, ſépare les pères de leurs enfans & envoie des dragons pour apôtres, lorſque les premiers hommes de la nation tremblent devant lui & craignent de le contredire ou de l'éclairer. c'est encore Vauban, le seul Vauban qui lutte contre l'implacable ministre dont l'orgueil altier ne pardonnoit jamais. Il ose, à plusieurs reprises, lui présenter le tableau des désastres qui marchent à la suite de ces nouveaux missionnaires qui prêchent le fer en main & convertissent avec le feu. Il lui peint à grands traits la ruine du commerce, la misère des provinces, le désespoir des protestans, qui, pressés entre des lois contradictoires, ne peuvent pas même opter entre le parjure ou l'exil ; le hideux spectacle des cadavres traînés dans les rues, qui échauffe le fanatisme des martyrs & des persécuteurs ; la désertion de plus de cent mille habitans qui, fuyant tout en pleurs l'infamie, les prisons, les supplices & les galères, vont porter à nos ennemis & notre or, & nos arts & leur vengeance ; les armées & les flottes de nos rivaux grossies par nos malheureux concitoyens, qui brûlent de punir sur leur patrie l'erreur du monarque & les intrigues de la cour ; enfin l'aliénation de tous les cœurs catholiques ou protestans, qui dans l'excès de leurs souffrances oublient qu'ils sont Français, & n'attendent peut-être que l'apparition d'une flotte ou d'une armée, pour se ranger sous les drapeaux de l'ambitieux Guillaume.

Les remontrances touchantes de Vauban n'ont pas été perdues pour l'humanité. Méditées dans le silence par les ames sensibles, embellies des charmes de la poésie, fortifiées des raisons de la philosophie, passant sur les théâtres & dans toutes les bouches, elles se trouvoient dans tous les cœurs, lorsqu'une loi bienfaisante & digne de Dieu même, qui ne voit que ses enfans dans les différens peuples qui l'adorent, a rendu à nos freres ce que l'injustice & l'oppression toute seule avoient pu leur ravir.

Avec tant de droits à la reconnoissance & à l'admiration publique, Vauban ne connoît ni le faste ni la vanité. Il ignore l'art de tromper la renommée, ce grand talent des hommes médiocres. Sa vertu simple & modeste ne cherche ni les actions d'éclat, ni les jours avantageux ; elle se cache sans affectation, comme elle se montre avec franchise. Mais c'est dans la retraite sur-tout qu'il se livre tout entier à l'unique passion qui le captive ; & si quelquefois, trop plein de sa bienfaisance, il a besoin de l'épancher, il cherche autour de lui, au milieu des grands hommes de cet âge immortel, un cœur digne d'entendre le sien & d'en être entendu. Cette heureuse sympathie qui regne entre les grandes ames, qui fait qu'elles se devinent & se pénètrent, lui donne pour amis deux hommes embrassés comme lui des feux sacrés du patriotisme. L'un nourri dans les champs, humain au milieu des combats, élevé comme Vauban par son mérite seul aux premieres dignités militaires, guerrier philosophe, sans passion, sans intrigue, aussi simple après une victoire, que dans les allées de son modeste hermitage; l'autre élevé à l'ombre des autels, prêtre sans fanatisme & prélat citoyen, aimant l'humanité comme il vouloit qu'on aimât Dieu, & plus grand dans l'exil que son rival à la cour (41): Catinat & Fénelon, voilà les amis de Vauban, voilà la société qui convient à son ame active & tourmentée du besoin d'être utile, avant que la disgrace ait éloigné de la cour le vertueux évêque. C'est avec eux qu'il sonde les plaies de l'état & en cherche les remèdes, qu'il recompose le système politique & fonde la gloire des rois sur le bonheur des hommes. La nouvelle d'un soulagement accordé aux peuples est une fête pour la société bienfaisante. Voilà l'objet des entretiens, des spéculations qui remplissent tout leur loisir, & que le panégyriste de Vauban, Fontenelle lui-même, n'ose troubler, lorsque arrivant sans être attendu, & trouvant Catinat & Vauban, il se retire saisi d'une frayeur religieuse, & se défend à lui-même *d'interrompre un tête-à-tête aussi intéressant pour la France.*

Vauban, Fénelon, Catinat, quels noms, & qu'ils doivent être chers aux Français ! Pourquoi faut-il qu'une conformité fâcheuse pour la gloire de Louis XIV, rapproche le sort des grands hommes qui, sous son règne, se distinguèrent par leur amour pour l'humanité ? Comme si défendre les droits des hommes eût été l'étendard de la révolte contre le pouvoir des rois, Catinat, Fénelon, & même le tendre Racine, expièrent dans la disgrace leur sensibilité patriotique, & Vauban, dans lequel Louis sembloit avoir pris plaisir à couronner sa propre gloire, Vauban, dédaigné d'un maître qu'il a si bien servi, se retire avec la douleur de voir repousser l'hommage de la Dîme Royale, comme un attentat à l'autorité, oublier ses longs services, suspecter la droiture de ses intentions, & cette douleur le conduit au tombeau (42).

Ce n'étoient cependant pas de vaines & impraticables chimères que *ces rêves d'un homme de bien*; & lorsque Vauban invitoit les classes privilégiées au noble abandon de leurs priviléges, lorsqu'il leur montroit, dans toutes les les victimes de la féodalité, des frères & des égaux, lorsqu'il se plaignoit de ce que les hommes les plus enrichis par le prince aux dépens de la nation, étoient ceux qui lui rendoient le moins, lorsqu'il avoit le courage de représenter aux ministres qu'ils n'étoient pas imposés proportionnellement à leur fortune, lorsqu'il s'accusoit lui-même de ne pas contribuer assez au soulagement de l'Etat, & provoquoit une diminution de revenu avec la même ardeur que les courtisans sollicitoient sans cesse de nouvelles graces; étoit-ce donc la manie de se singularifer, les visions d'un homme à système, le transport aveugle d'un enthousiaste, ou plutôt le produit heureux & bien calculé du patriotisme & de la raison?

Mais la France n'étoit pas encore préparée à ces idées sublimes, & Louis XIV n'étoit pas en état d'entendre Vauban. Il a fallu que ces vérités mûrissent dans le silence; il a fallu la leçon d'un siecle tout entier, les veilles de plusieurs grands philosophes, le progrès des lumières, les excès même du despotisme tantôt lâche, tantôt insolent, l'épuisement des finances, le mécontentement de toutes les claffes de citoyens, & cette inquiétude qui apprend à un peuple à rougir d'un long efclavage, & qui lui révèle le fecret de fa force & de fa dignité; il a fallu une réunion d'hommes intrépides, dont le courage inébranlable bravât tous les dangers & triomphât de tous les obftacles, au-deffus de ces timides égards qui, dans prefque toutes les révolutions, fe font oppofés à l'entière régénération des états, qui portaffent d'une main affurée la coignée à la racine de l'arbre immenfe des préjugés, dont les rameaux épais ombrageoient toute la France. Il a fallu fur-tout un roi jufte, modefte, vertueux, dont le caractère fût affez établi pour que la nation le reconnût toujours au travers de toutes les paffions qui fe font agitées autour de lui; affez courageux pour s'élever au-deffus des erreurs de fon éducation & de celles du trône; affez aimé de fon peuple pour conferver cet amour malgré les fautes du gouvernement & les oppreffions du miniftère; affez ami de ce même peuple, pour ne pas le livrer aux horreurs de la guerre civile; digne enfin d'offrir à l'univers étonné le fpectacle impofant de la meilleure conftitution dont les mortels aient encore conçu l'idée; d'une conftitution qui concilie l'autorité d'un feul avec l'empire des lois & la liberté de tous, qui rend aux hommes l'exercice de leurs facultés & des droits imprescriptibles de fleur être, qui les affranchit de tous les genres de tyrannie, & ramène un empire immense de la foiblesse & de l'épuisement de la caducité, à la force, à la fraîcheur de la jeunesse, réunie avec la maturité de l'âge viril.

Puisse l'exemple des grands hommes que je viens de nommer, puisse celui du restaurateur de la liberté française, rallumer le feu du patriotisme dans les cœurs ! Puissent tous les Français qui ont déposé tous leurs titres sur l'autel de la patrie, n'y reprendre que celui d'hommes, de frères & de citoyens ! Puisse sur-tout le spectacle unique dans les fastes de l'histoire, le spectacle majestueux de vingt-cinq millions d'hommes, jurant à la même heure, à la face du ciel, de vivre, de mourir libres, & de défendre jusqu'au dernier soupir la consttiution qui les place au premier rang des peuples du monde, enflammer tous les cœurs d'un saint enthousiasme, cicatriser toutes les plaies, éteindre toutes les rivalités, étouffer tous les murmures, transformer notre nation en une nation nouvelle, lui imprimer un caractère de gravité & de constance, sans lui rien ôter de ses graces & de son urbanité, & faire établir à jamais sur des bases inébranlables la fraternité, la liberté, la majesté du Peuple Français !

NOTES.

(1) EN m'occupant de cet éloge, j'ai cherché à me procurer une vie particuliere & détaillée du Maréchal de Vauban : j'ai vu avec surprise qu'elle nous manquoit, & qu'un des hommes qui ont le mieux mérité de la nation, étoit privé d'un honneur qu'on a fait à presque tous les grands hommes du siecle de Louis XIV. Cet oubli est d'autant plus étonnant, que l'écrivain qui entreprendroit cette histoire auroit des secours abondans ; & je me suis convaincu par mes recherches, que la vie de Vauban, quoique confondue, comme le dit fort bien Fontenelle, avec l'histoire de France, seroit susceptible du plus grand intérêt.

Je dois témoigner publiquement ma reconnoissance aux personnes dont j'ai consulté les écrits. J'ai tout mis à contribution : l'*Eloge de Vauban par Fontenelle* ; le *précis* intéressant où M. Gaillard donne des leçons pleines de sagesse & de goût ; une *vie abrégée du Maréchal* par M. Turpin ; le *discours de M. Carnot*, justement couronné par l'académie de Dijon ; sa *réponse à la lettre de M. de la Clos*, qui peut-être auroit dû employer son talent à ériger un monument durable au grand homme qu'il eût été plus en état que moi d'apprécier ; le *mémoire pour servir à l'éloge du maréchal de Vauban*, par M. le Chevalier de Curel ; *les considérations sur M. de Vauban*, ou *Examen de la lettre d'un Académicien de la Rochelle* ; la *lettre à MM. les officiers françois*, au sujet de celle de M. de la Clos, & sur-tout l'excellent ouvrage intitulé : *Considération sur l'influence du génie de Vauban dans la balance des forces de l'Etat*, écrit éloquent & lumineux, dicté par l'enthousiasme le plus juste comme par la plus solide raison, & qui mieux que tout autre apprend à connoître Vauban & à l'estimer ce qu'il vaut ; enfin, quelques manuscrits de Vauban, & entr'autres son mémoire en faveur des protestans, dont la copie a été déposée par M. de Rhullieres à la bibliotheque du Roi ; la Dime Royale, & l'ouvrage de Bois-Guilbert, connu sous le nom de *Détails de la France*, ou *Testament de Vauban*. J'ai fait usage, & pour le discours & pour les notes, de tout ce qui m'a paru intéressant dans ces différens écrits, ainsi que dans d'autres qui parlent indirectement de Vauban, tels que le siecle de Louis XIV, le président Henaut, la vie de Catinat, les mémoires du duc de S. Simon, le dernier ouvrage de M. Anquetil, &c.

(2) Sébastien le Prêtre, chevalier, seigneur de Vauban, Basoche, Pierre-Pertins, Pouilly, Cervon, la Chaume, Epiri, le Creusel & autres lieux, maréchal de France, chevalier des ordres du Roi, commissaire général des fortifications, grand-croix de l'ordre de S. Louis, gouverneur de la citadelle de Lille, membre de l'académie des sciences, naquit, le premier mai 1633, d'Urbain le Prêtre, & d'Aimée de Carmagnol. Il avoit pour aïeul Jacques le Prêtre, qui rendit foi & hommage au duc de Nevers pour la terre de Vauban, & mourut âgé de 96 ans.

Le lieu de sa naissance est S Léger de Foucheret, paroisse de Morvand, baillage de Saulieu, diocese d'Autun, entre Saulieu & Avalon. Il fut élevé comme Henri IV parmi les paysans, prit chez M. de Fontaines, prieur de S. Jean à Sémur, les premiers élémens de la géométrie, porta les armes à 17 ans dans le régiment de Condé, compagnie d'Arcenay, ensuite dans celui de la Ferté, & s'éleva de simple soldat au grade de maréchal de France.

La maison très-simple qui fut le berceau de ce grand homme, subsiste encore à S. Léger ; elle est occupée par un sabottier, dit-on dans l'Encyclopédie de Lauzanne. En la voyant, ajoute l'auteur de cet article, (S. Léger de Foucheret) transporté d'admiration, j'eusse voulu, pour la distinguer des autres, graver ce vers sur la porte :

Has magnus parvas coluit Vaubantius ædes.
Du sublime Vauban voici l'humble berceau.

(3) Il y a peu de familles qui dans le dernier siecle aient plus fourni de victimes à l'Etat. Son pere, deux de ses freres, un beau-frere, deux oncles, & onze cousins germains ou issus de germains moururent dans le champ de la gloire sous Louis XIV. M. TURPIN.

(4) En 1653, c'est à-dire, un peu plus d'un an après être entré au service d'Espagne, il fut pris par un parti françois, & présenté au cardinal Mazarin, qui, sur le bruit de la réputation qu'il s'étoit déja faite, & le mérite qu'il crut reconnoître en lui, l'attacha pour jamais à la France, en lui donnant de l'emploi : « Et, dit M. de Fontenelle, il n'eut pas de peine à réussir avec un homme né le plus fidele *sujet* du monde ». FONTENELLE, *Eloge de Vauban.*

(5) Devant Stenay & Valenciennes, il reçut deux blessures (l'une fut un coup de mousquet à la joue, dont il porta toujours la marque) & quand tout le camp étoit alarmé pour sa vie, il se faisoit porter à la tranchée. TURPIN, *Vie de Vauban.*

Il reçut trois blessures, dit Fontenelle, au siége de Montmédy, en 1657; & comme la gazette en parla, on apprit dans son pays ce qu'il étoit devenu; car depuis six ans qu'il en étoit parti, il n'y étoit point retourné, & n'y avoit écrit à personne; & ce fut-là la seule maniere dont il donna de ses nouvelles. FONTENELLE, *Eloge de Vauban.*

(6) En 1658, Il conduisit en chef les attaques des siéges de Gravelines, d'Ypre & d'Oudenarde; ce qui lui valut une gratification considérable que lui fit accorder le cardinal Mazarin.

(7) On voit dans les mémoires de Sully, qu'Henri IV apprenant la mort de son ingénieur *Erard de Bar-le-Duc*, s'écria: *Ah! j'ai perdu un des plus grands hommes de mon royaume.* Le chevalier *de Ville*, ingénieur sous Louis XIII & Louis XIV, & qui a imaginé la machine de Marly, nous a laissé sur les fortifications un livre encore utile aujourd'hui, où se peint une belle ame, & qui rappelle par sa simplicité les temps de l'ancienne chevalerie. Le comte *de Pagan* fut aussi recommandable par ses vertus que par son grand savoir & sa longue expérience. Il n'en est pas moins vrai que Vauban les effaça tous: c'est lui qui le premier vit les choses en grand, chercha les rapports des places de guerre entr'elles, & de la fortification aux autres branches de l'art militaire, même à l'administration politique; c'est

donc assurément bien ravaler ce grand homme, que de ne voir dans ses travaux que des orillons, des flancs arrondis, des tours bastionnées ; il faut laisser les plagiaires ignorans s'extasier sur ces choses aussi indifférentes à la gloire de Vauban qu'aux progrès de son art, & j'espere que les Officiers du Génie me sauront gré d'avoir épargné à leur maître des louanges de cette espece. *Note dixieme, de l'éloge de Vauban*, par M. CARNOT, couronné par l'académie de Dijon.

(8) Le fragment suivant, tiré des notes savantes que M. Thomas a mises à la suite de l'éloge de Sully, indiquera à peu près le point d'où partit Vauban, lorsqu'il entreprit de reculer les limites de cet art.

« Dans l'attaque, bien disposer ses lignes ; savoir à propos les resserrer ou les étendre ; ne leur donner que l'espace nécessaire ; appuyer leurs différentes parties par des postes ; établir entr'elles une communication sûre & rapide ; reconnoître les avantages ou les obstacles que présente un terrein plus bas ou moins élevé, dur ou facile à s'ouvrir, sec ou marécageux ; choisir le lieu ou l'instant le plus favorable pour ouvrir la tranchée ; marquer la distance la plus convenable pour les batteries ; perfectionner la maniere de les construire ; donner au canon l'inclinaison la plus avantageuse pour que les coups ayent le plus grand degré possible de force ; calculer pour la charge des mines la somme des résistances & la quantité des poudres, trouver toujours les proportions convenables à l'effet qu'on veut produire ; se servir des ouvrages déja emportés, pour battre les autres avec plus de succès ; enfin varier ses attaques selon les différentes constructions des places, & apprendre des régles même à s'en écarter, lorsque les régles sont forcées par des loix supérieures de lieux, de temps & de saisons; dans la défense, renverser les batteries de l'ennemi par des batteries opposées; détruire ses travaux ou les tourner contre lui-même, juger, par la vue de ses premiers ouvrages, de tous ceux qu'il médite; connoître par leurs progrès quel sera le moment de l'attaque; distinguer les attaques feintes des véritables; mettre dans les sorties une prudence active & une vigueur sage; défendre chaque pouce de terrein comme la place entiere; multiplier le siége en créant des obstacles; être par-tout sur les pas des assiégeans, à la tranchée, à la brèche & jusques dans les entrailles de la terre; opposer par-tout la mort à la mort, & s'armer des ruines mêmes; enfin, épier les hasards, plus forts quelquefois que les canons, les mines & les bombes : voilà quels étoient les principes & l'art de Sully » : on peut ajouter : Et des temps qui précéderent Vauban. On ignoroit alors, comme on vient de le voir, l'usage du ricochet; on ne connoissoit pas davantage les paralleles, les places d'armes, les cavaliers de tranchée ; les sapes, les demi sapes n'étoient pas pratiquées; la défense par le jeu des eaux étoit très-imparfaite.

(9) « Quand on seroit sûr, dit M. le comte de Mirabeau dans sa Monarchie Prussienne, que la plupart des places pourroient être prises d'emblée, il faudroit encore en construire. Les endroits fermés sont insuffisans pour garantir un dépôt contre les entreprises d'un corps détaché. Une forteresse ne peut être forcée que par l'armée elle-même. Donc, puisqu'il est impossible de couvrir continuellement tous ces dépôts, puisqu'en les couvrant même, ils seroient exposés aux entreprises de quelque

corps léger qui pourroit tourner l'armée, il faut des places fortes. Elles arrêtent l'ennemi, donnent le temps de réparer un échec, dominent un pays, le garantiſſent contre les courſes des partis, lorſque les armées s'en éloignent, maintiennent l'ordre & l'obéiſſance dans une nouvelle conquête. On ne les prend pas d'emblée, quand un homme d'honneur les défend. Les camps retranchés ne peuvent leur être ſubſtitués. L'avantage de la fortification eſt de mettre un petit nombre d'hommes en état de ſe défendre contre un grand. Or, les camps retranchés ne different des forterſſes, qu'en ce qu'ils ſont moins fortifiés. Donc, il faut plus de défenſeurs ; donc ils affoibliſſent les armées plus que les forterſſes ; donc, les forterſſes ſont préférables ».

« Les fautes faites dans la guerre de la ſucceſſion auroient perdu la France ſans les frontieres des Pays-Bas. Après ſept ans de bévues & de malheurs continuels, cette triple ligne n'étoit pas encore percée, & les obſtacles qu'elle oppoſa aux ennemis dont elle laſſa la patience, procura une paix plus ſupportable qu'on ne pouvoit l'attendre ».

« Le plus grand général de l'Europe, Frédéric, qui a créé une école dans l'art de la guerre, qui avoit un ſi grand intérêt à éviter les ſiéges, parce que le Génie & l'Artillerie étoient la partie très-défectueuſe dans ſes troupes, qui trouvoit un ſi grand avantage à réduire toute la guerre en bataille rangée, à cauſe de la ſupériorité de ſa Tactique, & qui enfin étoit ſi économe d'argent, malgré ſon averſion pour les ingénieurs & leurs ouvrages, fit conſtruire un bon nombre de places fortes dans la Siléfie, en Poméranie, dans la Marche, dans le cercle de haute Saxe ».

« La bataille de Kœlin a révélé à l'Autriche le secret de son fystême défenfif. Théréfienftad, forterefle que l'Empereur a fait conftruire, a mis fin aux facilités qu'avoit autrefois le Roi de Pruffe d'envahir la Bohême par la Saxe ».

« Ne voir dans une forterefle que le moment du fiége, c'eft ne regarder qu'un côté de la queftion ». *De la Monarchie Pruffienne*, liv. 7, tom. 4, partie 2, page 174.

« Comparez, dit l'auteur d'une réponfe à la lettre de M. de la Clos, comparez la fituation du royaume, depuis qu'il eft protégé par des forterefles avec les momens de crife où il s'eft trouvé, quand les barbares du Nord le pénétroient avec tant de facilité, avec celui où nos voifins pénétroient fi facilement dans notre intérieur, & la queftion ne fera pas long-temps indécife. La Pologne eût-elle été partagée, fi protégée par des forterefles, elle en eût impofé à fes voifins.... L'Empereur a fait, il eft vrai, démolir les places des Pays-Bas : mais il en fait élever de nouvelles dans fes Etats d'Allemagne.... L'hiftoire des Pays-Bas apprend que le nombre confidérable de batailles & de fiéges, dont ce pays a été le théâtre, n'a fervi qu'à amener des conditions de paix, fans qu'on ait pu les conquérir ».

« Un des mérites des forterefles, dit l'auteur profond des *confidérations fur l'influence du génie de Vauban dans la balance des forces de l'Etat* (M. d'Arçon), eft de forcer un ennemi fupérieur à un nouvel étalage de puiffance qui appefantit nécessairement toutes ses démarches............ Elles préviennent la terreur, dont la contagion est si rapide. Par elles on peut simplifier les plans de campagne, assurer les grands dépôts, porter la guerre offensive avec sûreté pour ses derrieres, couvrir les communications avec l'intérieur à tel degré de sûreté que toutes les forces de l'Etat pourroient concourir à la défense du point menacé, calculer des événemens, combiner des manœuvres, essuyer un ou plusieurs échecs sans conséquence, recueillir des débris, gagner du temps, rappeler la fortune.... Ces barrieres ont éloigné de nos foyers les calamités de la dévastation ; elles ont procuré constamment à nos armes l'avantage de porter la guerre au dehors....; C'est par elles que la nation a vu augmenter sa prépondérance, & l'a étendue sur le monde entier. C'est par-là que nos frontieres ont été couvertes & conservées dans toute leur intégrité. Une armée qui se propose d'exécuter une invasion, ne peut jamais laisser une grande forteresse sur les derrieres, sans s'exposer à quelques retours de perdition. ... Les forteresses diminuent le nombre des troupes. Tel royaume seroit forcé peut-être d'entretenir cent mille soldats de plus pour arriver à l'équilibre de ses voisins. Deux millions annuels suffisent pour l'entretien des forteresses. Dix-huit millions ne suffiroient pas pour cent mille soldats de plus. Evaluez en outre les contre-coups & les pertes qui résulteroient de cent mille citoyens retranchés de la masse nationale & devenus inutiles aux arts, à la culture, à la population.... Des événemens malheureux, une suite de revers n'ont que trop démontré la justesse des combinaisons de Vauban. Des places situées en troisieme ligne suspendoient encore un orage prêt à éclater de toutes parts. Elles donnerent le temps de rassembler des débris, & à Villars, celui de saisir la fortune ».

(10) A toutes ces autorités, joignons celle de M. Carnot. « Une expérience de dix siecles & plus, prouve que la guerre des postes détachés est véritablement celle qui convient à la nation françoise ; il s'en faut bien qu'elle ait sur les autres la même supériorité dans les batailles rangées, que lorsqu'elle attaque ou défend les places.... Le François ne sait point supporter le mal-être & la fatigue en pleine campagne, & se rebute aisément s'il ne réussit pas d'abord ; au lieu qu'enfermé dans des murailles, il sait mourir de faim & souffrir tous les maux avec une constance héroïque : on en voit des exemples étonnans dans les siéges de Calais, Beauvais, Paris & une infinité d'autres, dont fourmille notre histoire : on voit la même chose dans la marine ; on sait qu'elle est presque invincible dans les combats particuliers de vaisseau à vaisseau, & combien elle est malheureuse dans les grandes batailles ; tel est le génie de la nation. Mettez dans un poste une petite troupe qui réponde de ses actions, elle se laissera plutôt anéantir que de céder ; mais qu'on la réunisse à un grand corps d'armée, où ses fautes ne pourront lui être attribuées personnellement, et où l'émulation ne la soutiendra pas en fixant tous les yeux sur elle ; vous verrez qu'elle perdra beaucoup de son énergie. L'honneur est le mobile du François ; mais cet honneur dégenere souvent en vanité & en présomption. Le militaire françois se croit le plus distingué, le plus vaillant & le plus intelligent

de tous; il méprife fon ennemi ; le moindre fuccès l'enfle & lui fait négliger toute précaution ; s'il eft heureux, il fe contente d'avoir vaincu & ne pouffe point fa victoire ; s'il eft vaincu, il ne revient pas de fon étonnement, il fe croit trahi, il eft découragé, & fa déroute eft complette ; c'eft ce qui fait dire au cardinal de Richelieu, *teftament politique* : » Les fortereffes font d'autant plus favorables en ce royaume, que quand même la légéreté de notre nation la rendroit incapable de faire des conquêtes, fa valeur la rendroit invincible à la défenfe, fi elle a des places fi bien fortifiées & fi bien munies de toutes chofes, qu'elle puiffe faire paroître fon courage fans être expofée à de grandes incommodités, qui font les feuls ennemis qu'elle ait à craindre...... Les fubtils mouvemens de notre nation ont befoin d'être garantis de la fureur qu'elle pourroit recevoir d'une attaque imprévue, &c. ».

Machiavel, à la vérité, recommande les places fortes aux defpotes comme l'arme de la tyrannie. « Mais, répond encore M. Carnot, en fuppofant que le nombre en foit proportionné aux befoins de l'Etat, elles ne font point favorables au defpotifme, parce qu'elles mettent un petit nombre en état de réfifter à un plus grand, & tendent ainfi efficacement à diminuer le corps militaire........ Enfin, fous quelque point de vue qu'on les envifage, elles font toujours en derniere analyfe, uniquement deftinées à diminuer la confommation des hommes ».

Eloge de Vauban, couronné à l'académie de Dijon.

(11) Dans cet âge, où l'on a befoin d'inftruction, (à 25 ans) il avoit déja formé d'illuftres difciples, parmi lefquels on doit compter Thibouville, gentilhomme nor-

mand, qui promettoit d'être son rival, lorsque la mort l'enleva à Napoli de Romanie.

A Thibouville, on peut joindre Valliere, l'éleve & l'ami de Vauban, célebre par la défense de New-Brisac, dont le brave Laubanie étoit gouverneur, & qui, selon le chevalier Folard, eût fini par faire lever le siége au roi des Romains, si pendant le siége un éclat de bombe n'eût pas aveuglé M. de Laubanie.

Ce brave militaire, né à Paris le 7 septembre 1667, & mort en 1759, à 92 ans, lieutenant-général des armées du roi, avoit acquis une telle expérience dans l'artillerie, qu'il en étoit regardé comme le meilleur officier. Son fils, Joseph Florent de Valliere, marcha dignement sur ses traces, & mourut au commencement de 1776, à cinquante-neuf ans, directeur-général de l'artillerie, & comme son pere, associé libre de l'académie des sciences. Il fut également regretté de cette société & de la patrie, qui chérissoient en lui un savant modeste & un excellent citoyen.

(12) De tous les écrivains qui ont pris la plume pour défendre la mémoire de Vauban contre l'auteur du roman *des liaisons dangereuses*, il n'en est aucun qui en donne une plus brillante & plus juste idée, que Monsieur d'Arçon, que j'ai déja cité. C'est de son ouvrage que je vais extraire tout ce qui me paroîtra propre à faire apprécier le mérite de Vauban comme inventeur, comme réparateur, comme conservateur.

« M. le maréchal de Vauban fut inventeur dans le grand art des dispositions générales de la défense ; c'est en le voyant se plier à la nature d'un sol, tantôt ingrat & tantôt favorable, qu'on reconnoît l'homme fécond en grandes vues. . . . . Le conservateur des frontieres fut en même temps le créateur de l'art de l'attaque, & le porta au dernier degré de perfection. . . . . . Il ouvrit une carriere nouvelle à la grande défense, par le moyen des camps retranchés sous les forteresses, dans la vue importante de lier la résistance particuliere des places fortes, avec la défensive générale des frontieres : idée sublime & féconde qui porte directement à la conservation des Empires. . . . . . L'industrie des retranchemens intérieurs reçut encore de ses mains divers accroissemens. . . . . . Dans la classe des retranchemens en retraite, il faut comprendre les citadelles, les réduits & les forts qu'on voit liés aux grandes enceintes. Il est vrai que des circonstances différentes rejetteroient aujourd'hui la plupart de ces moyens ; mais puisque l'obligation de contenir des vaincus en fit souvent une nécessité, il faut du moins admirer avec quelle sagacité M de Vauban en a balancé l'équilibre : il est tel que l'attaquant ne peut ou ne doit jamais débuter par les réduits ; en sorte que tous ces postes, ayant une résistance propre, indépendante & successive, leur valeur est devenue positive, sans qu'il en soit résulté aucun double emploi de dépense. . . . . . Les écluses existoient sûrement avant M. de Vauban ; mais ces grandes manœuvres d'eau, ces torrens préparés en toute sécurité pour renverser les travaux de l'attaquant, furent des fruits mûris par l'esprit inventeur. Il seroit difficile d'exprimer ici combien ce moyen conservateur prit d'accroissement entre ses mains : il en tira des ressources immenses, pour simplifier ses dispositions, pour balancer l'équilibre des fronts d'attaque, pour économiser le développement des remparts surchargés d'ouvrages, pour ramener la défense à des points déterminés & prévus, sur lesquels alors il déployoit toutes les forces de l'art ».

« Si les rapports des forteresses avec la sûreté de l'Etat, pouvoient être exposés par l'indication même des circonstances de position qui existent réellement; si ces causes éloignées & muettes pouvoient agir d'une maniere plus éclatante, ou plutôt si j'eusse été capable de présenter ces rapports sous des points de vue plus saillans, on auroit une idée des services de M. de Vauban. Mais l'énumération de ses talens & de ses vertus, ses connoissances sur une multitude d'objets, la conception de tant de projets utiles discutés à fonds, l'application continuelle d'un esprit occupé de vues grandes & générales, & que ne purent jamais rétrécir les détails immenses dont il étoit rempli; le contraste extraordinaire qui résulte de tant de genres studieux, avec l'intrépidité de son ame dans les périls de la guerre, avec l'activité qu'il porta dans tous les travaux civils & militaires dont il eut la direction; cette foule d'idées toutes classées dans une organisation prodigieuse & qui embrassoit tout; tant d'élévation avec tant de détails composeroit le tableau le plus vaste, le plus honorable à l'espece humaine que l'esprit puisse concevoir ».

« M. le maréchal de Vauban fut non-seulement le plus grand artiste de son temps; mais tous les procédés de détails, dont il fut l'inventeur dans les constructions importantes, servent encore aujourd'hui de modeles; & l'on ne peut s'en écarter qu'aux dépens de la consistance & de la solidité, qui doivent constituer les premiers caracteres des travaux publics ».

« Les levées, les moles, les jettées, les écluses, l'art des fondations sur les terreins les plus ingrats, sur les fonds inconnus de la mer ; le defféchement des marais ; la réunion des plus vastes magasins d'eau, soit pour la défense, soit pour alimenter des canaux de navigation ; les digues destinées à préserver les campagnes contre les ravages des torrens, les fleuves resserrés & contenus dans leurs lits ;.. par-tout il déploya le grand art de prescrire des loix au caprice des élémens fougueux, & avec un tact si sûr dans ces savantes constructions, que les théories les plus subtiles de l'hydraulique l'ont à peine remplacé. Un grand nombre d'édifices en tout genre, attestent que M. de Vauban avoit le goût le plus sûr dans la belle architecture ».

« Ce qui étonne encore, c'est qu'entre tant d'objets, où toutes les parties des mécaniques devoient concourir, où les arts de la paix marchoient à sa suite, jusques dans le tumulte des armes, au milieu d'une vie militaire aussi partagée, il ne donna jamais de projet, qu'il n'en eût articulé tous les détails, par des plans, des coupes, des mémoires, des devis & des instructions particulieres pour la conduite de l'exécution ».

« Un génie qui embrassoit tant de vues différentes, sans jamais confondre les caracteres qui les distinguent, est un de ces phénomenes que la nature semble n'avoir produits de temps à autre, que pour manifester sa puissance. On croit appercevoir en la personne de Vauban un foyer ardent, où s'élaboroient les élémens de tous les arts ; c'étoit le centre d'une foule de conceptions, dont l'étendue étoit réellement si prodigieuse, que les objets en sont subdivisés aujourd'hui entre près de trois mille individus, industrieux par état, & qui trouvent encore de l'aliment parmi les dépouilles arrachées d'une tête si rare. On vit en effet une multitude de classes se former après lui parmi les ingénieurs, entre les artistes, les spéculateurs, les détailleurs & les exécuteurs; les uns pour les constructions militaires & les travaux des siéges; d'autres appliqués aux détails industrieux des campemens & des positions: on a vu distinguer ceux qui entendoient la guerre de montagne; quelques-uns ayant pénétré la science de l'hydraulique s'étoient composé un mérite particulier de l'art de la défense, par les manœuvres d'eau. Successivement toutes ces parties jeterent divers rameaux qui se sont subdivisés sous d'autres dénominations. Il se forma des classes particulieres pour les travaux des mines, pour ceux des sappes, pour les batteries des côtes & pour quelques parties de l'artillerie, sur lesquelles M. de Vauban avoit une influence directe. Quelques-uns, attachés à une autre branche, croyoient tenir encore au fondateur par un fil imperceptible; il vient d'être coupé. Il se forma d'autres divisions pour les grandes constructions des ports, des formes, des moles & des jettées; d'autres pour les ponts, les turcies, les levées, encore une division pour les fortifications maritimes; puis la classe libre & nombreuse des faiseurs de systêmes & tant d'autres ».

« Ce dépouillement universel subsiste encore; il est même plus animé que jamais; & le plus mince légataire, à commencer peut-être par celui qui écrit ce mémoire, croit être quelque chose ».

« Tout cela tenoit cependant dans la tête de Vauban, & tout cela marchoit sous sa main avec unité de dessein, avec un concert, une harmonie, avec ce miracle d'économie, dont on a donné une idée.... »

« Remarquez que dans l'immensité de ces travaux, conçus, inventés ou dirigés par Vauban, le succès justifia constamment la justesse de ses combinaisons, & que plusieurs objets de l'administration sur lesquels il étendoit son influence, furent améliorés.... »

« Il porta le même esprit de sûreté, de simplicité & d'économie dans la disposition des dehors des forteresses. La perte de l'une n'entraîne jamais celle de l'autre, & chacune d'elles en particulier, peut forcer l'attaquant à renouveler la disposition entiere... »

« Malgré les tentatives réitérées, il a toujours fallu revenir sur les premieres bases, sinon inventées, du moins réglées, calculées, & posées par Vauban... Non-seulement ces bases ont une valeur absolue, eu égard au temps où elles furent tracées ; mais elles ont encore une valeur relative, par cette précieuse propriété qui les rend susceptibles de tous les degrés d'accroissement que les circonstances peuvent exiger ». *Considérations sur l'influence du génie de Vauban dans la balance des forces de l'Etat.*

« *L'esprit des Loix* n'est qu'un assemblage de choses imaginées avant Montesquieu. La fortification de M. de Vauban n'offre à l'œil qu'une suite d'ouvrages connus avant lui. Mais elle offre à l'esprit de celui qui sait observer, des résultats sublimes, des combinaisons profondes, des chef-d'œuvres multipliés d'industrie. C'est dans l'art de disposer respectivement ces ouvrages connus avant lui ; c'est dans l'art de profiter de toutes les circonstances locales ; c'est dans les manœuvres d'eau, ingénieusement imaginées ; c'est dans l'art de placer une simple redoute dans un lieu inaccessible, d'où elle prenne de revers sur les tranchées ; c'est dans l'art d'enfiler une branche d'ouvrages si habilement, qu'on ne puisse la battre ni en brèche, ni par ricochet ; c'est, dis-je, en tout cela, que consiste l'art de Vauban ». M. CARNOT : *Réponse à M. de la Clos.*

« Les retranchemens préparés ou prévus dans les ouvrages, l'enceinte renforcée, rectifiée, les dehors, la guerre souterraine, les dispositions assaillantes, quoiqu'on soit assailli ; les grandes manœuvres d'eau, si efficaces contre les attaques ; les secours pour suppléer aux ouvrages ; les camps retranchés sous les enceintes, si propres à arrêter les succès d'un ennemi victorieux, si favorables pour reprendre la supériorité de la campagne : ces grandes vues sont de M. de Vauban ; il les a indiquées par-tout où elles étoient praticables..... Nulle part, il n'a proposé des monumens de vanité ; il n'édifioit que pour le besoin, jamais dans des hypotheses outrées ou chimériques.., Il vit les points à occuper par des ouvrages, le grand ressort de chaque place, sa véritable destination sur la frontiere, & n'y proposa rien de superflu ». *Autre réponse à M. de la Clos.*

« On a beaucoup rafiné sur la maniere de construire les mines & de les diriger plus sûrement vers leur but. M. de Vauban en fit creuser de deux especes qui, l'une & l'autre, étoient beaucoup plus étroites que les anciennes. Les unes n'ont que six pieds de hauteur sur quatre de large ; les autres, qu'on appelle rameaux, sont si étroites & si basses, qu'il faut se baisser & s'y traîner à genoux. On fabrique ces routes infernales sous le terreplein du rempart, depuis le flanc du bastion, jusqu'à l'angle flanqué. On y a ménagé des places d'armes, où les mineurs & contremineurs peuvent se retrancher : leur effet est d'autant plus à craindre, qu'un seul homme suffit à ce travail, l'explosion de la mine fait une large brêche où les afliégeans, marchant fur un grand front, font difficilement repouffés. » M. Turpin : *Vie de Vauban.*

L'auteur de la brochure intitulée : *Lettre à Meſſieurs les Officiers François, au ſujet de celle de M. de la Clos*, raffemble ainfi fous un feul point de vue les innovations fucceffives de Vauban.

« De nombreux ricochets placés fur les prolongemens des différens ouvrages, vont, fans jamais s'égarer, labourer leurs remparts, ruiner leurs défenfes, démonter & brifer leurs canons, frapper ou difperfer leurs défenfeurs, dont l'œil effrayé cherche en vain d'où partent ces inévitables boulets, qui les atteignent jufques dans les afyles qu'ils croyoient les plus fûrs. Pendant ce même temps, le citoyen tranquille fous fes toîts, ne connoît plus de rifque, que celui de changer de maître, & ceffe de frémir au nom d'un ennemi, qui lui paroît plus craindre de détruire, qu'il ne femble avide d'acquérir. De vaftes paralleles fe déploient fucceffivement, refferrent chaque jour l'affiégé dans fes ouvrages ; chaque point emporté, devient pour l'affiégeant une conquête qu'on ne peut plus lui ravir ; tout fe tient, tout s'appuie mutuellement ; des fapes conduites avec patience, mais toujours avec fûreté, n'arrofent que des fueurs des foldats, ces mêmes glacis qu'ils inondoient fouvent de leur fang ; des cavaliers élevés fans péril, fous des feux déja prefqu'éteints foudroient le chemin couvert, que bientôt des logemens inattaquables affurent fans retour à l'affiégeant. Les faces & les flancs s'écroulent fous les efforts d'une artillerie diftribuée avec un art auffi nouveau que le refte, pendant qu'au travers des contrescarpes, s'ouvre une route facile & sûre pour arriver aux brêches. »

* « Il semble, dit M. de Fontenelle, qu'il auroit dû trahir les secrets de son art, par la grande quantité d'ouvrages qui sont sortis de ses mains; aussi a-t-il paru des livres, dont le titre promettoit la véritable maniere de fortifier, suivant M. de Vauban; mais il a toujours dit & fait voir par sa pratique, qu'il n'avoit point de maniere; chaque place différente lui en fournissoit une nouvelle, selon les différentes circonstances de sa grandeur, de sa situation & de son terrein ». En effet, M. de Vauban a laissé un très-grand nombre de mémoires manuscrits où il traite de chaque place du royaume en particulier; mais il n'a jamais rien écrit, sur les principes généraux.

(13) On n'avoit point encore en France détaché le gouvernement d'une ville, de celui de la forteresse. L'exemple commença en faveur de Vauban.

(14) Cohorn, qu'on a nommé le Vauban Hollandais, défendoit lui-même, à Namur, les fortifications qu'il avoit construites. Son redoutable fort Guillaume repoussoit au loin les attaques des assiégeans. Mais une faute qu'il avoit faite ne put échapper à Vauban. La communication du fort avec les autres ouvrages de la place, n'étoit pas assez sûre; elle fut coupée, & le fort Guillaume obligé de se rendre 15 jours plutôt que Cohorn ne l'avoit cru même possible. Cohorn, sortant de Namur & passant devant son vainqueur qui s'empressoit de l'accueillir, détourne en gémissant les regards humiliés. M. GAILLARD : *Précis sur Vauban.*

A l'occasion de ce siége, le duc de Saint-Simon remarque dans ses mémoires, que c'étoit un grand honneur de manger en temps de guerre avec Louis XIV. M. de Vauban, lieutenant-général, si distingué depuis tant d'années, y mangea pour la premiere fois à la fin du siége, & fut comblé de cette distinction. *Tome I*.

(15) 1670. Cette année commença par des négociations pour la paix, qui furent sans effet. L'armée françoise ouvrit la campagne par le siége de Maftrecht, située sur la Meuse, la clef du Brabant Hollandois, & l'une des plus fortes places des Pays-Bas. La garnison étoit de six mille hommes: M. de Farfaux en étoit gouverneur. M. de Vauban, qui commandoit les travaux de ce siége, s'y servit pour la premiere fois de paralleles & de place d'armes, inconnues jusqu'alors dans l'attaque des villes. Le Roi étant arrivé à l'armée avec le prince de Condé, détacha le comte de Lorges pour l'investir. Il se présenta ensuite devant la place avec 40,000 hommes; & fit dresser neuf batteries pour la foudroyer. Elle fut obligée de se rendre le 29 juin, au treizieme jour de tranchée ouverte; & après avoir attendu inutilement le prince d'Orange, qui arriva effectivement, mais trop tard, pour la secourir. Voltaire observe que Louis XIV se montra dans ce siége, plus exact & plus laborieux qu'il ne l'avoit été encore.

(16) *Tirer à Ricochet*; c'est tirer avec la moitié, le tiers ou le quart de la charge ordinaire, de maniere que le boulet sort du canon avec si peu de vîtesse, qu'on le suit aisément de l'œil jusqu'à la naissance du rempart, où il continue par des bonds, des ricochets, à suivre le parapet, en renversant tout ce qu'il rencontre. On ne sauroit croire quel dégat causent ces sortes de batteries dans une ville assiégée. « Le grand éclat, dit l'auteur de

la relation du siége d'Ath, le fracas & la promptitude du service avoient fait jusqu'alors tout le mérite de l'artillerie dans les siéges : on changea ici de maniere ; car il ne s'en est jamais fait où il y ait eu si peu de bruit, & où cependant on ait tiré si bon parti du canon... A la vérité cette maniere de tirer, qui faisoit si peu de bruit, choquoit les officiers-généraux, ce qui inquiettoit même les officiers d'artillerie... Mais quand une fois elles furent bien en train, les ennemis ne purent plus tenir à leurs défenses ; ce qui éteignit si bien le feu, qu'on alloit & venoit en sûreté du camp à la tranchée, & de la tranchée au camp à découvert.... Ainsi la ville d'Ath, l'une des plus fortes places de l'Europe, fut prise en treize jours de tranchée ouverte ».

(17) *Place d'armes*, dans un siége, est une espece de tranchée paraliele à la place, qui a été mise en usage par M. le Maréchal de Vauban, & où l'on a toujours des soldats préparés à soutenir ceux qui travaillent aux approches contre les entreprises de la garnison.

(18) La conservation des hommes étoit son but principal ; non-seulement l'intérêt de la guerre, mais aussi son humanité naturelle les lui rendoit chers Il leur sacrifioit toujours l'éclat d'une conquête plus prompte, assez capable de séduire ; &, ce qui est encore plus difficile, quelquefois il résistoit en leur faveur, à l'impatience des généraux, & s'exposoit aux redoutables discours des courtisans oisifs. FONTENELLE : *Eloge de Vauban*, page 261.

Vauban avoit introduit la méthode de respecter tous les édifices civils, & les citoyens qui les habitent, méthode adoptée par l'Europe entiere, inclusivement jusqu'au
siége

fiége de Philisbourg en 1735, & qui fut pour la premiere fois violée dans les guerres de 1740.

(19) Auſſi, continue le même écrivain, les ſoldats lui obéiſſoient-ils avec un entier dévouement, moins animés encore par l'extrême confiance qu'ils avoient en ſa capacité, que par la certitude & la reconnoiſſance d'être ménagés autant qu'il étoit poſſible. *Ibid.* Cet enthouſiaſme étoit ſi grand, que M. de Vauban lui-même avoit peine à contenir l'ardeur du ſoldat, dès qu'une fois il lui avoit indiqué ſa marche. On voit, dans les mémoires du temps, qu'au ſiége de Namur il fut obligé de prendre mille précautions pour en venir à bout.

Voici un autre trait de ſon hiſtoire que je rapporte, non pour lui en faire honneur, mais pour faire connoître le génie & le caractere du ſoldat françois. M. de Vauban avoit beſoin d'un homme intelligent, pour la reconnoiſſance d'un poſte extrêmement dangereux, où pluſieurs ſoldats étoient déja reſtés; Enfin le dernier qu'il y envoya, eût le bonheur d'en échapper, & après avoir tout examiné avec une préſence d'eſprit admirable, il revint couvert de ſang & criblé de coups. Vauban, tranſporté d'admiration, courut au devant de lui & voulut lui donner quelques louis d'or. *Non, Monſeigneur*, répond le ſoldat, *cela gâteroit mon action.*

M. de Vauban craignoit, en général, les coups de main pour les troupes. *Il ne faut*, dit-il, *jamais faire à découvert, ni par force, ce qu'on peut faire par induſtrie. Employez les cavaliers de tranchée & les ricochets, à la priſe du chemin couvert*, (opération la plus meurtriere de tout le ſiége) *préférablement aux attaques de vive force, autant que faire se peut ; observez la même maxime à l'égard de tous les dehors, & même du corps de la place. La précipitation ne hâte point la prise des places, la recule souvent, & ensanglante toujours la scene.*

On reprochoit à Vauban ce syftême, parce que notre nation est en général plus propre à ces actions vives qu'à celles où il faut de la patience. Mais sa vivacité lui a souvent procuré des succès momentanés en échange de longues & cruelles pertes. Le François confond trop souvent l'audace avec la vraie bravoure. Auffi Vauban répondit-il toujours à ces reproches par des succès nouveaux ; & avec cette maxime, il faisoit en 8 jours ce que les autres ne pouvoient faire qu'en un mois, & avec une perte bien plus confidérable. Au reste il étoit le premier à proposer les coups de main lorsqu'il les jugeoit nécessaires, comme on le vit au siége de Valenciennes, où son avis, pour donner l'affaut en plein jour, étoit opposé à celui de six Maréchaux de France. Au siége de Cambrai, que le Roi fit en personne l'année suivante, M. *du Metz*, célebre officier d'artillerie, proposoit d'attaquer de vive force le ravelin ; M. de Vauban, au contraire, étoit d'avis d'aller pas à pas, quoique cela dût retarder d'un jour la prise de cette demi-lune. Il dit au Roi, qui penchoit pour l'opinion de M. *du Metz* : *Sire, vous perdrez à cette attaque tel homme qui vaut mieux que le ravelin.* Malgré cela, l'avis de M. *du Metz* paffa, & le ravelin fut emporté ; mais ces travaux n'étant pas affez avancés pour soutenir les soldats qui cherchoient à s'y loger, ils en furent bientôt chaffés, avec grand carnage. On revint au moyen proposé par M. de Vauban : il réuffit parfaitement ; & le Roi lui promit que dans la suite il le laifferoit faire.

C'est par une suite de son opinion sur les coups de vigueur, que M. de Vauban détermina le roi à supprimer les armes d'Hast. On employe aujourd'hui la bayonnette au bout du fusil, au lieu des hallebardes que portoit alors l'infanterie, ce qui a occasionné une révolution considérable dans la Tactique.

(20). Au siége de Valenciennes, on n'avoit pris encore aucun des dehors de la place. Il falloit d'abord attaquer deux demi-lunes. Derriere ces demi-lunes étoit un grand ouvrage couronné, palissadé, fraisé, entouré d'un fossé coupé de plusieurs traverses. Dans cet ouvrage couronné, étoit encore un autre ouvrage entouré d'un autre fossé. Il falloit, après s'être rendu maître de tous ces retranchemens, franchir un bras de l'Escaut. Ce bras franchi, on trouvoit encore un autre ouvrage en forme de pâté. Derriere ce pâté, couloit le grand cours de l'Escaut, profond & rapide, qui servoit de fossé à la muraille. Enfin la muraille étoit soutenue par de larges remparts. Tous ces ouvrages étoient couverts de canon. Une garnison de trois mille hommes préparoit une longue résistance.

Le Roi tint conseil de guerre, pour attaquer les ouvrages du dehors. C'étoit l'usage que ces attaques se fissent toujours pendant la nuit, afin de marcher aux ennemis sans être apperçu, & d'épargner le sang du soldat. Vauban proposa de faire l'attaque en plein jour. Tous les Maréchaux de France se récrierent contre cette proposition. Vauban tint ferme avec la confiance d'un homme certain de ce qu'il avance : *vous voulez*, dit-il, *ménager le sang du soldat ; vous l'épargnerez bien davantage quand il combattra de jour, sans confusion & sans tumulte, sans craindre qu'une partie de nos gens tire sur l'autre, comme il n'arrive que trop souvent. Il s'agit de surprendre l'ennemi ; il s'attend toujours aux attaques de nuit; nous le surprendrons en effet, lorsqu'il faudra qu'épuisé des fatigues d'une veille, il soutienne les efforts de nos troupes fraîches. Ajoutez à cette raison que s'il y a dans cette armée des soldats de peu de courage, la nuit favorise leur timidité, mais que pendant le jour, l'œil du maître inspire la valeur, & éleve les hommes au-dessus d'eux-mêmes. (La nuit n'a point de honte,* dit énergiquement Comine en pareille occasion. *Liv.* 2, chap. 10.) Le Roi se rendit à ses raisons, malgré Louvois & cinq Maréchaux de France. VOLT. *Siecle de Louis XIV.*

(21) Sébastien de Medrano, savant ingénieur Espagnol, en contemplant les fortifications de New-Brisac que Cohorn appeloit *les merveilles de l'art*, s'écria : *je veux oublier tout ce que j'ai appris ; j'abandonne tous mes systêmes pour adopter les principes d'un aussi bon maître ;* & aussi-tôt il jeta tous ses plans dans le feu.

M. TURPIN, *vie de Vauban.*

(22) Vauban rendit Strasbourg, par les fortifications qu'il y fit, la barriere la plus forte de la France. Louis XIV, en 1681, venoit de conquérir cette ville, qui lui ouvrit les portes de l'Allemagne, comme Cazal celles de l'Italie. Dans les fortifications de ces deux places, Vauban épuisa toutes les richesses de l'art. Strasbourg restée à la France, est un des plus forts boule-

vards de nos frontieres ; son pont sur le Rhin est protégé par plusieurs forts qui excitent l'admiration des connoisseurs ; mais M. Perronet, créateur en ce genre, n'avoit point encore enfanté les merveilles de cet art. L'Alsace étoit une acquisition précieuse ; on ne pouvoit lui faire perdre le souvenir de son ancienne indépendance, qu'à force de priviléges & de bienfaits. Vauban proposa de rendre la Bruche navigable : il donna son plan ; mais aucun ingénieur ne fut assez hardi pour se charger de l'exécution des écluses. Comme il ne proposoit aucun projet sans avoir trouvé le moyen de l'exécuter, il ne se reposoit que sur lui-même de l'événement. Le succès étonna ; l'Alsace dont il avoit établi la sûreté, en fortifiant ses villes, doit le respecter comme son bienfaiteur, puisqu'il lui ouvrit les sources du commerce, par la facilité des transports qui l'ont tirée de la langueur, & l'ont rendue une de nos plus riches provinces. *Ibid.*

(23) En 1688, lorsque le Dauphin eût le commandement des armées, Vauban conduisit le siége de Philisbourg qui fut pris en 19 jours ; Frankendal en deux ; Spire, Trèves, Vorms & Oppenheim se rendirent dès que les François furent à leurs portes. Ce prince fut si content de ses services, qu'il lui fit présent de quatre pièces de canon, à son choix, pour mettre en son château de Bazoche ; récompense vraiment militaire, dit Fontenelle. privilege unique, & qui, plus que tout autre, convenoit au pere de tant de places fortes.

Ces trophées militaires sont maintenant au château

de M. le comte d'Aunay, petit fils du Maréchal. M. le Président de Rosambo, frere de ce seigneur, a eu, pour lot, au partage de la succession de M. de Vauban, les manuscrits qu'il a laissés, & qui forment trente-cinq porte-feuilles, dont on pourroit composer au moins 40 volumes in-8°. Le public apprendra sans doute avec reconnoissance que les archives où sont déposés ces ouvrages précieux, sont ouvertes chez M. le Président de Rosambo, aux personnes qui ont besoin d'instructions particulieres pour l'histoire de ce grand homme.

(24) Tout le monde connoît la lettre de l'austere Montausier au Dauphin dont il avoit été gouverneur. Elle loue Vauban d'une maniere aussi précise qu'énergique, & à ce titre mérite de trouver place ici.

Monseigneur, je ne vous fais pas de compliment sur la prise de Philisbourg. Vous aviez une bonne armée, une excellente artillerie & Vauban. Je ne vous en fais pas non plus sur les preuves que vous avez données de bravoure & d'intrépidité. Ce sont des vertus héréditaires dans votre maison. Mais je me réjouis avec vous de ce que vous êtes libéral, généreux, humain faisant valoir les services d'autrui, & oubliant les vôtres. C'est surquoi je vous fais compliment.

(25) M. de Vauban accompagna le marquis de Louvois en Piémont, & ce fut sur ses plans que le duc de Savoye fit fortifier Verue, Verceil & Turin, qui dans la suite furent l'écueil des armes françoises. Le prince, en recevant les clefs qui ouvroient & fermoient les portes de l'Italie, lui fit présent de son portrait enrichi de diamans.

(26) Vauban a fait travailler à trois cens places

anciennes, & en a fait 33 neuves. Si Louis XIV eût parcouru ces forteresses avec autant d'intérêt qu'il parcouroit les embellissemens de Versailles, il eût pu, à plus juste titre, interrompre Vauban comme il interrompit le Nôtre. On se rappelle que cet artiste célèbre rendant compte au Roi de ses plans d'embellissement, Louis XIV, charmé de tout ce qu'il entendoit, l'interrompoit de temps en temps en lui disant : *Le Nôtre, je vous donne vingt mille francs*. On sait aussi que le Nôtre aussi honnête homme qu'habile dans son art, termina brusquement l'entretien, en disant : *V. M. n'en saura pas d'avantage, je la ruinerois*.

On compte 140 actions d'éclat dans quelques-unes desqu'elles. Vauban jeune encore fut remarqué par des traits éclatans par des coups de force & presque toujours par des succès. Il conduisit en chef 53 siéges, dont 30 sous les yeux du Roi.

(27) On peut avoir dans le supplément aux mémoires de M. le duc de Saint Simon, les détails intéressans de ce siége, de la bataille qui le fit lever, & des suites funestes de ces deux opérations. Je me contenterai de citer le passage suivant de Voltaire.

« On avoit fait venir 140 pieces de canon ; & il est à remarquer que chaque gros canon monté revient environ à deux mille écus... Il y avoit cent dix mille boulets, 106 mille cartouches d'une façon, & 300 mille d'une autre, 21 mille bombes, 27 mille 700 grenades, 16 mille sacs a terre, 30 mille instrumens pour le pionnage, 1206 mille livres de poudre ; ajoutez à ces munitions le plomb, le fer, le fer-blanc, les cordages, tout ce qui sert aux mineurs, le souffre, le salpêtre, les outils de toute espèce. Il est certain que tous les frais de ces préparatifs de destruction suffiroient pour fonder & pour faire fleurir une nombreuse colonie. Tout siége de grande ville exige ces frais immenses; & quand il faut réparer un village ruiné, on le néglige. *Siecle de Louis XIV.*

L'abbé Lenglet Dufresnoy rapporte au sujet de ce siége un trait qui n'étonnera pas beaucoup ceux qui se rappelleront les ressources que le duc de Savoye trouvoit à la cour même contre les opérations de notre armée. L'auteur du siecle de Louis XIV, dit-il, n'a pas su tout le dénoûment de ce siége. Le Roi avoit résolu de se rendre maître de cette place importante, mais ce n'étoit pas assez, il falloit que Chamillard le voulût. Ce ministre qui avoit fait refuser Vauban, s'avisa de prier l'Electeur de Cologne, Joseph Clément de Baviere, de vouloir bien envoyer au siége un ingénieur habile qu'il avoit à sa cour, comme s'il en eût manqué en France d'aussi expérimentés. Il s'y rendit donc, & il écrivoit régulièrement la suite de ce siége. Par une de ses lettres il marquoit: *Nous touchons Turin du bout du doigt ; nous tirons beaucoup, mais sans boulets.* On n'en manquoit cependant pas; c'étoit moi qui recevois les lettres. Ainsi je puis en rendre un témoignage certain. Que l'on fasse maintenant ses réflexions sur cet événement) ». *Plan de l'histoire générale & particuliere de la Monarchie Françoise*, par l'abbé Lenglet Dufresnoy. *Tom.* 3, *pag.* 330.

Voltaire s'est attaché à combattre ces bruits. « Quelle apparence, dit-il, que Chamillard, qui vouloir procurer le bâton de Maréchal à son gendre, par la prise de Turin, lui eût imposé la loi de ne pas le prendre. »

(28) « Le duc de la Feuillade, dit le même écrivain, étoit fils de ce Maréchal de la Feuillade qui érigea la statue de Louis XIV dans la place des Victoires. Il avoit le courage de son pere, la même ambition, le même éclat avec plus d'esprit. C'étoit l'homme le plus brillant & le plus aimable du royaume; & quoique gendre du ministre, il avoit pour lui la faveur publique ».

Le duc de Saint-Simon ne le présente pas sous un jour aussi avantageux. Voici le portrait qu'il en fait. « Il étoit parfaitement bien fait, avec un air & les manieres fort nobles, & une physionomie si spirituelle, qu'elle réparoit sa laideur, le jaune & les bourgeons dégoûtans de son visage. Elle tenoit parole : Il avoit beaucoup d'esprit & de toues sortes d'esprit. Il savoit persuader son mérite à qui se contentoit de la superficie, & sur-tout avoit le langage & le manége d'enchanter les femmes. Son commerce à qui ne vouloit que s'amuser étoit charmant. Il étoit magnifique en tout, libéral, poli, fort brave & fort galant, gros & beau joueur. Il se piquoit fort de toutes ces qualités. ».

« Il étoit fort avantageux, fort hardi, grand débiteur de maximes & de morale & disputoit volontiers pour faire parade d'esprit. Son ambition étoit sans bornes, & comme il étoit sans suite pour rien comme pour tout, cette passion & celle du plaisir prenoient le dessus tour-à-tour. »

Il recherchoit fort la réputation & l'estime, & il

avoit l'art de courtifer utilement les perfonnes des deux fexes, de l'approbation defquelles il pouvoit le plus efpérer ; & par cet applaudiffement qui en entraînoit d'autres, de fe faire compter dans le grand monde. »

« Il paroiffoit vouloir avoir des amis, & il en trompa longtemps. C'étoit un cœur corrompu à fond, une ame de boue, un impie du bel air & de profeffion ; pour tout dire, le plus folidement mal-honnête homme qui ait paru de long-temps. » *Supplément, tom, 2, pag, 211.*

(29) En 1706, après la bataille de Ramillies, M. le Maréchal de Vauban fut envoyé pour commander à Dunkerque, & fur la côte de Flandre. Il raffura par fa préfence les efprits étonnés ; il empêcha la perte d'un pays qu'on vouloit noyer pour prévenir le fiége de Dunkerque, & le prévint d'ailleurs par un camp retranché qu'il fit entre cete ville & Bergues, de forte que les ennemis euffent été obligés de faire en même temps l'inveftiture de Dunkerque, de Bergues, & de ce camp, ce qui étoit abfoulument impraticable.

Dans cette même campagne, plufieurs de nos places ne s'étant pas défendues comme il auroit fouhaité, il voulut défendre par fes confeils toutes celles qui feroient attaquées à l'avenir, & commença, fur cette matiere, un ouvrage qu'il deftinoit au Roi, & que la mort l'empêcha de terminer. FONTEN.

Il en manifefta fon chagrin dans plufieurs lettres circulaires écrites au nom du Roi. L'ouvrage qu'il a laiffé imparfait, eft infiniment précieux par les fameufes tables d'approvifionement pour les places affiégées. M. CARNOT, *Eloge de Vauban.*

(30) *Meffieurs*, difoit le brave Calvo aux ingénieurs de

Meſtricht ; *je n'entends rien à la défenſe des places, tout ce que je ſais c'eſt que je ne veux pas me rendre.* Vauban n'eût pas été moins brave. Il eût joint à cette réſolution toutes les reſſources de l'art, & ſa defenſe eût ſervi de modele. Il y eut un moment où l'on ſe flatta de recevoir de lui cette importante leçon. En 1689, les ennemis menaçoient à la fois Dunkerque, Bergues & Ipres. Vauban eut ordre de s'enfermer dans celle des trois places qui ſeroit aſſiégée. Aucune ne le fut; ſon nom les en préſerva. Par des lettres de M. de Louvois, nous voyons combien on employoit de ſtratagêmes pour tromper les ennemis ſur la marche de Vauban, pour leur faire craindre ſa préſence où il n'étoit pas & eſpérer ſon abſence où il avoit réſolu de ſe rendre. M. GAILLARD.

(31) Chamilly s'appeloit *Bouton*, d'une race noble de Bourgogne, dont on voit ſervir avant 1400, des chambellans des Ducs de Bourgogne. Le pere & le frere aîné du Maréchal s'attacherent à M. le Prince, & en furent eſtimés. Sous ce frere, celui dont je parle, de ſix ans plus jeune, commença à ſe diſtinguer. Il avoit ſervi avec réputation en Portugal & en Candie. A le voir & à l'entendre, on n'auroit jamais pu ſe perſuader qu'il eût inſpiré un amour auſſi demeſuré que celui qui eſt l'ame des fameuſes *Lettres Portugaiſes*, ni qu'il eût écrit les réponſes qu'on y voit à cette Religieuſe. Entre pluſieurs commandemens qu'il eût pendant la guerre de Hollande, le gouvernement de Grave l'illuſtra, par cette admirable défenſe de plus de quatre mois, qui coûta ſeize mille hommes au Prince d'Orange, dont il mérita les éloges, & à qui il ne ſe rendit qu'avec la plus honorable compoſition, ſur les ordres réitérés du Roi. La haine invétérée que lui portoit Louvois ne put empêcher ce prince de lui donner le gouvernement de Strasbourg, lorsqu'il le prit au printemps de 1685. Barbezieux ne lui fut pas plus favorable que son pere. La femme de son successeur se trouva amie de celle de Chamilly, qui étoit une personne singuliérement accomplie, à qui Louvois même avoit eu peine à résister, & dont la conversation & les manieres faisoient oublier sa singuliere laideur. Cette union entre elles, qui avoit toujours été intime, & l'estime particuliere que Chamillard avoit pour Mde. de Chamilly, lui firent remettre son mari à flot. Ce ministre lui procura le commandement de la Rochelle, & des provinces voisines, & le porta ainsi au Baton, d'autant plus aisément que le Roi avoit toujours eu de l'estime & de l'amitié pour lui. Cette promotion trop retardée fut généralement applaudie. Le Duc de S. SIMON; *Supplément*, tom. 4.

(32) Le Prince Eugene n'avoit point dissimulé sa joie lorsqu'il sut qu'il auroit affaire au Maréchal de Boufflers. Il craignoit moins un homme comblé d'honneurs & de récompenses, qu'il n'eût fait un officier général, dont toutes les espérances de fortune auroient été fondées sur sa défense. Il éprouva qu'il s'étoit trompé, & je ne comprends pas comment le souvenir de la défense de Namur, ne lui avoit pas donné une autre opinion de Boufflers, qui, à la vérité, en fut fait duc, mais qui, à cette exception, grande à la vérité, étoit déjà tout ce qu'il fut à Lille. L'ordre, l'exactitude, la vigilance, c'étoit où il excelloit; sa valeur étoit nette, modeste, naturelle, franche, froide. Il voyoit tout, & donnoit ordre à tout sous le plus grand feu,

comme s'il eût été dans sa chambre. Egal dans le péril, rien ne lui échauffoit la tête, pas même les plus fâcheux contre-temps. Sa prévoyance s'étendoit à tout, & dans l'exécution il n'oublioit rien. Sa bonté & sa politesse, qui ne se démentoient en aucun temps, lui gagnoient tout le monde. Son équité, sa droiture, & son attention à se communiquer & à prendre conseil; sa patience, à laisser débattre avec liberté, sa délicatesse à faire toujours honneur de leurs conseils, quand ils avoient réussi, à ceux qui les lui avoient donnés, & des actions de graces à ceux qui les avoient faites, lui dévouerent les cœurs. Les soins qu'il prit en arrivant pour faire durer les munitions de guerre & les vivres; l'exacte proportion qu'il fit garder en tous les temps du siége en la distribution du pain, du vin, de la viande & de tout ce qui sert à la nourriture, où il présida lui-même, & les soins infinis qu'il fit prendre, & qu'il prit lui-même des hôpitaux, le firent adorer des troupes & des bourgeois. Il aguerrit les troupes qui faisoient la plus grande partie de sa garnison composée des fuyards d'Oudenarde, & des bourgeois qu'il avoit enrégimentés. Il en fit des soldats qui ne furent point inférieurs à ceux des vieux corps. Accessible à toute heure, prévenant pour tous, attentif à éviter, autant qu'il le pouvoit, la fatigue aux autres & les périls inutiles, il fatiguoit pour tous, se trouvoit par-tout; & sans cesse voyoit & disposoit par lui-même & s'exposoit continuellement. Il couchoit tout habillé aux attaques, & il ne se mit pas trois fois dans son lit, depuis l'ouverture de la tranchée jusqu'à la chamade. On ne peut comprendre comment un homme de son âge & usé à la guerre put soutenir un pareil travail de corps d'esprit, & sans sortir jamais de son égalité & de son sang froid. On lui reproche qu'il s'exposoit trop ; il le faisoit pour tout voir par ses yeux & pourvoir à tout à mesure ; il le faisoit aussi pour l'exemple, & pour sa propre inquiétude que tout allât & s'exécutât bien. Il fut légérement blessé plusieurs fois, s'en cachoit tant qu'il le pouvoit, & n'en changeoit rien à sa conduite journaliere ; mais un coup à la tête l'ayant renversé, il fut porté chez lui, malgré lui ; on vouloit le saigner, il s'y opposa, de peur que cela ne lui ôtât des forces & voulut sortir. La maison étoit investie ; il fut menacé par les cris des soldats qu'ils quitteroient leurs postes, s'ils le revoyoient de plus de vingt-quatre heures dé-là. Il les passa, assiégé chez lui, forcé à se faire saigner & à se reposer. Quand il reparut, on ne vit jamais tant de joie. Abondant à sa table sans aucune délicatesse, il se traita toujours à proportion comme les autres pour les vivres, &, outre ce qu'il avoit apporté d'argent pour lui, il emprunta encore en arrivant tout ce qu'il put, & s'en servit libéralement pour le service, pour donner aux soldats, & secourir des officiers avec une simplicité admirable dans toutes ses actions : & voilà comme il arrive quelquefois que la bonté & la droiture de l'ame étendent l'esprit & l'éclairent dans de grandes occasions.

Id. *Supplément*, tom. 4.

(33) Vauban fut fait Brigadier d'infanterie en 1664, Maréchal-de-camp en 1676, & en 1678, Commissaire général des fortifications de France, charge qui vaquoit par la mort de M. le Chevalier de Clerville. Il se défendit d'abord de l'accepter, il en craignoit ce qui l'auroit

fait defirer à tout autre, les grandes relations qu'elle lui donnoit avec le miniftre. Il fallut que le Roi l'obligeât d'autorité à la prendre.

(34) Minot, Hongrois d'origine, & plus connu fous le nom du Baron de Cohorn, étoit le Vauban des Hollandois. Jeune, il s'étoit exilé d'une patrie où fon pere avoit porté fa tête fur l'échafaud, pour avoir foutenu les droits & la liberté de fon pays. Cet illuftre profcrit confacra fes talens & fes fervices aux Provinces-unies, & ce fut lui qui éleva ces fortes barrieres, qui femblent en affurer la liberté. Lui feul pouvoit balancer les talens de Vauban; & ce fut ce Maréchal qui fut le plus empreffé à en faire la conquête pour la France. Cohorn, également admirateur du mérite de fon rival, avoit la même ambition d'être fon collégue; quoique paffionné pour la liberté, quoiqu'il crût qu'on n'étoit véritablement homme que dans des pays gouvernés par la loi, il écouta les promeffes de Louis XIV, infpiré par Vauban. Il quitta la Hollande en fugitif, & quand il fut fur les terres de France, il écrivit à fa famille de venir le joindre. Les Etats irrités de cette défertion, lui firent dire, que s'il ne venoit reprendre fes fonctions, fa femme & fes enfans alloient périr au milieu des fupplices. La nature triompha de l'ambition. Il retourna en Hollande, & fon unique regret fut de s'éloigner de Vauban, dont il ne ceffa d'être l'admirateur & l'ami. M. TURPIN, vie de Vauban.

Ce Baron de Cohorn, dit M. Carnot, étoit malheureux lorfqu'il fe trouvoit aux prifes avec M. de Vauban; au refte, en fortifications, il étoit auffi obfcur, brouillon & chicaneur, que Vauban étoit fimple, hardi, & ennemi des petits moyens.

(35) « La même peine qu'on prend à détracter ces grands noms, & la même licence, je la prendrois volontiers à leur donner un tour d'épaules pour les hausser; ces rares figures, & triées pour l'exemple du monde par le consentement des sages, je ne me feindrois pas de les charger d'honneurs, autant que mon invention pourroit, en inteprétations & favorables circonstances; & il faut croire que nos efforts sont bien au dessous de leur mérite. C'est l'office des gens de bien de peindre la vertu la plus belle qu'il se puisse, & ne mésieroit pas, quand la passion nous transporteroit à la faveur de si saintes formes. » MONTAIGNE.

(36) L'enceinte bastionnée a été discutée depuis Vauban, par des hommes de grande réputation. On n'y a pu rien substituer sans reconnoître son erreur. M. de la Clos cite Landau, comme un exemple des fautes de Vauban dans le choix des positions, lorsque le prince Charles, méprisant cette place, pénétra jusqu'à Saverne. L'auteur d'une réponse à cette lettre, répond que les faits déposent contre le Critique. Ce Général obligé de se retirer, s'exposa à payer sa témérité de la perte de son armée. N'est-ce pas une maxime de guerre consacrée, qu'un bon général ne doit jamais laisser, sur ses derrieres, une place à l'ennemi? Le critique fait un crime à M. de Vauban de n'avoir pas porté la défense aussi loin que l'attaque. Le même défenseur répond : l'attaque est peut-être plus riche que la défense; la science, le génie, l'industrie sont pour celle-ci. L'attaque a tous les moyens, tandis que la défense tire toute sa valeur d'un espace restreint, & de moyens limités.... Là les ennemis, le temps & les pertes, les événemens portent

à

à peine quelque préjudice. Ici tout est compté, tout nuit, l'action, le repos, le temps, le succès. Faut-il donc s'étonner si la défense est inférieure à l'attaque ? *Réflexions sur la lettre de M. de la Clos.*

Les calculs de M. de la Clos paroissent un peu exagérés. Il accuse M. de Vauban d'avoir dépensé quatorze cens millions; mais sur les trois cens places que Vauban a fortifiées, il n'en a fait construire que trente-deux neuves, & sur ce nombre il n'y a qu'un tiers, dont les dépenses ayent été prises sur les finances de l'Etat. Les autres furent exécutées aux dépens de nos ennemis avec l'argent & les corvées que le droit de la guerre permet d'imposer. M. d'Arçon porte le total des dépenses à cent-cinquante-un millions pendant 33 ans.

M. de Forbonnais, dans son ouvrage intitulé : *Recherches & considérations sur les finances de France* 1768, réduit infiniment cette dépense. Les arrêtés des sommes qu'elles ont coûté, lorsqu'elles étoient confiées aux soins de M. de Vauban, attestent la légéreté d'une pareille inculpation. Ainsi, dit M. Carnot, l'évaluation est dix fois trop forte, & la dépense de M. de Vauban n'est pas la deuxieme partie de la dette nationale. Voyez *la lettre à MM. les officiers françois*, où cette question est discutée fort au long.

M. de Vauban, dit-on encore, n'a point posé les barrieres de l'empire françois, puisqu'elles changerent si souvent à son époque. En effet ces limites ont varié. Mais une chose digne d'attention, c'est que ces variations ne cesserent jamais, & au milieu de nos malheurs même, d'affecter une tendance vers l'agrandissement du cercle ;

F

tendance si réelle qu'elle s'est enfin accomplie. *Confidé-dérations sur l'influence du génie de* VAUBAN, &c.

Si l'art de la défense est subordonné à celui de l'attaque, cela doit résulter de la nature des choses. Le siége d'une forteresse est un ordre de bataille couvert, soutenu, flanqué, circonvallant, & qui s'avance progressivement. C'est une fortification qui s'accroît & se renforce successivement par le grand nombre & l'abondance des moyens, contre une autre fortification cernée qui s'affoiblit nécessairement, & qui se détruit enfin par le petit nombre & la disette des moyens. *Ibid.*

L'attaque & la défense pourroient bien n'être que le même art appliqué différemment, modifié par la proportion des forces & des moyens. Il suit de-là que celui que l'on avoue avoir touché au but de la perfection, dans l'offensive, doit avoir au moins fort approché du même but dans la défense. Vauban ne possédoit l'art des fortifications offensives que par la connoissance intime qu'il avoit de toutes les ressources de la défense. Conservateur jusque dans les procédés de l'attaque, à quel point ne l'eût-il pas été dans la défense, si jamais assiégé il avoit pu déployer son art dans l'action défensive ; s'il s'étoit trouvé en situation de mettre en œuvre toutes ces ressources qui dépendent de ce que nous avons appelé la conduite des défenses. *Ibid.*

Voici ce que dit de M. de Vauban, M. de Cormontagne, un des successeurs les plus célèbres de ce grand homme, qui souvent réforma ses tracés, & qui est si connu par les doubles couronnes de Metz. « Il y auroit beaucoup à gagner pour nous, si nous le suivions dans les plaines de Flandre, dans les montagnes de Dauphiné, sur les bords de la mer, pour étudier toutes les différentes idées que la variété du terrain lui faisoit naître, relativement aux objets particuliers & généraux qu'il y falloit remplir; toujours on y reconnoîtra le premier des ingénieurs, l'homme de guerre unique en cette partie ».

M. de Tilley, digne émule de M. de Cormontagne, en réparant les fortifications de Brest, reconnoît avec étonnement qu'il n'a pu écarter d'un pouce ses angles saillans des points indiqués par Vauban.

Ce corps illustre est bien au-dessus du foible hommage que je lui ai rendu dans l'exorde. Il est convenu aujourd'hui que les ingénieurs françois sont les premiers de l'Europe. Au jugement honorable que portoit sur le génie françois le maréchal de Saxe, joignons l'opinion du comte de S. Germain. Voici comment il s'exprime dans ses mémoires : « De tous les corps militaires qui sont en France, celui du Génie m'a le plus pénétré d'admiration par tous les sujets du plus grand mérite, & en grand nombre, qui le composent : on y trouve toutes les lumieres & tous les talens réunis au plus haut degré. Leur probité que l'envie, la jalousie & la haine ont si souvent attaquée, a paru dans tout son éclat par la réunion de toutes les opinions des officiers généraux des divisions, que j'avois autorisés à examiner leur administration; & ce n'est qu'après m'être assuré de toutes ces connoissances, que je me suis déterminé à donner à ce corps la constitution avantageuse qu'il a maintenant. Si j'avois eu plus de crédit & de force, j'aurois prononcé le mot, & j'aurois assigné aux officiers du Génie, exclusivement à tous les autres les fonctions des états majors des armées. Cet arrangement si utile au service est le plus raisonnable, &c. »

Les qualités nécessaires aux ingénieurs, sont, suivant M. le Maréchal de Vauban, beaucoup de cœur, beaucoup d'esprit, un génie solide, & outre cela une étude perpétuelle & une expérience consommée sur les principales parties de la guerre ; mais si la nature rassemble très-rarement ces trois premières qualités dans un seul homme, il est encore plus extraordinaire d'en voir échapper à la violence de nos siéges, & qui puissent vivre assez pour acquérir les deux autres. Le métier est grand & noble, mais il mérite un génie fait exprès & l'application de plusieurs années. *Instruction pour la conduite des siéges.*

« La place d'ingénieur en chef, dit encore M. de Vauban, demande des soins infinis, une activité perpétuelle, beaucoup de conduite, de bon sens, d'expérience dans tous les ouvrages de terre, de bois & de pierre, avec une parfaite intelligence de toutes les différentes espèces de matériaux, de leur prix & de la capacité des ouvriers. Ces qualités sont si nécessaires dans la conduite des grands travaux, que par-tout où elles viennent à manquer, on peut assurer que le moindre mal qu'il en puisse arriver, sera un retardement, une longue & ennuyeuse construction, quantité de mal-façons, & toujours beaucoup de dépense superflue ; accidens à jamais inséparables de la médiocre intelligence de ceux qui en seront chargés ». *Directeur des fortifications.*

(36) Le canal de Languedoc, projeté par Ricquet, fut dirigé par Vauban. On ne doit pas omettre pour sa gloire, que quoique alors lieutenant-général & direc-

teur des fortifications du royaume, il ne dédaigna pas de s'occuper perfonnellement des moindres détails de cet important travail. On conferve encore divers nivellemens, & les plans, élévations & profils des cinq baffins & des fept éclufes qui forment, des deux côtés d'une montagne, près de Beziers, cet étonnant amphithéâtre, tous faits ou deffinés par lui-même.

Ce fut encore lui qui conftruifit le canal de Maintenon; ouvrage moins utile que le premier, mais qui offroit les plus grandes difficultés à vaincre.

(37) Les craintes qu'avoit eues Vauban de voir fon zele enchaîné par fa dignité, furent juftifiées par l'événement. La derniere campagne qu'il fit dans la guerre de 1701, eut pour objet de reprendre des places qu'il avoit fortifiées dans le temps qu'elles appartenoient à la France. Brifac étoit du nombre. Le duc de Bourgogne l'affiégeoit en faifant fous Vauban fon apprentiffage. Le prince lui fit une de ces plaifanteries, qu'on ne fait qu'à ceux dont la gloire y a répondu d'avance. « Il faut néceffairement, lui dit-il, que vous perdiez votre honneur devant cette place. Ou nous la prendrons, & l'on dira que vous l'aviez mal fortifiée ; ou nous échouerons, & l'on dira que vous m'avez mal fecondé. — Monfeigneur, répondit Vauban, on fait comment j'ai fortifié Brifac ; on ignore fi vous favez prendre les places que j'ai fortifiées, & c'eft de quoi j'efpere que vous convaincrez bientôt le public ». Brifac fut pris en 13 jours de tranchée ouverte, & ne coûta que 300 hommes. *M. Gaillard.*

Le Maréchal ne pouvant plus fervir l'Etat de fon épée, lui confacra fa plume, fes veilles, fes méditations & le fruit de fon expérience : il vivoit entouré de fecrétaires, de deſſinateurs, d'algébriſtes, qui travailloient ſous ſa dictée & qui copioient ſes plans. Egalement jaloux de ſervir ſon ſiecle & la poſtérité, il fit préſent au roi d'un manuſcrit, qui contenoit tous les myſteres de l'art dont il avoit été le créateur. Son Traité de l'attaque & de la défenſe des places, doit être compté parmi les chefs-d'œuvres du ſiecle de Louis XIV. Une belle ſimplicité, une grande richeſſe d'idées, une abondance de moyens, une tournure particuliere enfin, qui diſtingue l'homme d'expérience de celui que les livres ſeuls ont inſtruit, caractériſent cet ouvrage.

Toutes les ſciences économiques lui parurent dignes d'occuper un philoſophe citoyen. La culture des bois a été long-temps négligée. Il fit ſentir au gouvernement l'importance de s'occuper de cette partie de l'adminiſtration, qu'on doit ranger parmi les choſes de premiere néceſſité; enfin 12 volumes manuſcrits furent le fruit de ſes méditations profondes, qu'il appeloit *ſes oiſivetés*, & qu'on a eu l'indécence d'appeler d'un ton de mépris, ſes volumineuſes *oiſivetés*.

On connoît de M. de Vauban un projet de vingtieme ou de taille réelle, in-fol., & un autre pour l'établiſſement d'une taille réelle géométrique, qui, en produiſant un revenu très-conſidérable au roi, ſupprimeroit la taille perſonnelle & autres impoſitions, in-fol.

Un autre de converſion de tailles, des aides, des douanes provinciales, en dixmes royales équivalentes, in-fol.

Il a laiſſé de plus des ouvrages manuſcrits ſur les monnoies, le commerce, les compagnies de commerce, les passe-ports, la valeur des blés, les dépenses de l'Etat, les revenus du roi, les économies royales, les finances, la recette générale des finances de Bretagne, les fermes du roi & leurs revenus, ceux des archevêchés & évêchés de France, & des bénéfices dépendans du roi. — Il a laissé un état des revenus des grands prieurés & commanderies de Saint-Lazare ; un état des affaires extraordinaires, des réflexions sur la taille, la capitation, la taille divisée par généralités ; un état du produit des entrées de Paris. Il a écrit sur les impositions, les droits d'aides, les gabelles, les emprunts, sur le crédit, les fiefs.

On aura une idée plus juste encore de la fécondité du génie de Vauban, du travail extraordinaire auquel il s'est livré, de la facilité avec laquelle il saisissoit & se rendoit propres les matieres les plus étrangeres à la profession des armes, lorsqu'on saura qu'il a composé des mémoires sur l'histoire en général, & la géographie, sur le dénombrement des peuples, & l'accroissement des hommes avant & après le déluge ; sur l'histoire ecclésiastique, sur l'histoire des Etats de l'Europe en général ; sur la France & sa superficie ; qu'il a laissé des mémoires historiques sur les provinces & les villes de France, un dénombrement des familles du royaume, un traité de commerce de la France en général ; de celui des différentes villes en particulier ; qu'il a écrit sur les chemins, le ban, l'arriere-ban, les cours souveraines du royaume, l'Amérique, les Colonies, les affaires du Canada, le commerce des échelles du Levant, les haras, les bois, eaux & forêts, la pêche, la tourbe, le desséchement des marais, l'arrosement des prés, les mines de charbon, d'ardoises, les travaux de houilles & autres minéraux, la médecine, &c.

Il a laissé de plus des ouvrages manuscrits sur les mathématiques, la géométrie, la trigonométrie, l'architecture militaire, ou des fortifications en général, l'attaque & la défense des places, les places de guerre, le gouvernement des citadelles & du service dans les places ; sur les camps en général, les camps & tranchées, la fortification de campagne, autrement des camps retranchés, les camps fortifiés, les sièges, l'artillerie en général, les mortiers, les bombes, les moyens de se préserver de leurs effets, la fonte, l'épreuve & les effets des canons, les mouvemens de l'artillerie, la fabrique des armes à feu, leur usage, les munitions de guerre & de bouche, l'art militaire en général, les troupes ; ce qu'il faut observer pour en faire d'excellentes, le moyen de les attirer de l'étranger, de les conserver ; les levées des troupes, les milices & enrôlemens, le maintien de la discipline des régimens, ce que coûte par an au Roi la désertion, la cavalerie, l'infanterie, les invalides, leurs hospices, la marine, la construction des vaisseaux, le pilotage, les galères, la construction des différens petits bâtimens qui naviguent en mer, les armées navales, les projets de marine, les coutumes de la mer, les matelots, les signaux, les armemens en course, les prises, &c.

Ce ne sont point-là de ces spéculations vaines qui naissent de l'oisiveté : ce sont des résultats d'observations dirigées, rapprochées, comparées, balancées, en parcourant infatigablement toutes les provinces du royaume.

Vers l'an 1690, dit l'abbé de S. Pierre, je fis connoisfance avec le maréchal de Vauban, efprit ferme & folide, excellent citoyen, officier des mieux inftruits de tous les détails de la guerre, toujours occupé des fervices du roi & des intérêts de la patrie. Je me plaifois fort à l'entendre raifonner fur fon métier; et un jour, je fus étonné de lui entendre dire que la folde du fimple foldat étoit trop foible de plus d'un tiers. Le marc-d'argent étoit alors à 29 livres, & il eft à préfent environ à 49 livres.

Il fondoit fon opinion fur le calcul qu'il avoit fait de ce qu'il falloit au foldat pour avoir fuffifamment de pain, de viande, & autres befoins ou commodités, comme biere, vin, eau-de-vie, tabac, fans compter ce qu'on lui retient fur fa folde, comme fouliers, linge & habillement, & le tiers pour les invalides.

Il avoit pour principe, que, pour rendre le métier de foldat un métier ftable, quoique compofé de foldats qui avoient effayé des autres métiers, il falloit que le foldat s'y trouvât plus commodément que dans les autres métiers qu'ils avoient quittés; ou bien il falloit fe réfoudre à les voir déferter fréquemment, & paffer fouvent chez les ennemis, à quitter le fervice à la fin de leur engagement, & à n'avoir par conféquent que de nouveaux foldats, la plupart engagés par force, par fineffe ou à force d'argent, & retenus par la feule crainte de la défertion, peine qu'ils évitoient fouvent en paffant chez les ennemis.

Les métiers qu'ils quittent font ordinairement de manœuvre, de compagnons de boutiques, de valets voituriers, de fimples journaliers, &c. Il eft vrai que dans le temps de paix, le fimple foldat a moins de peine & de travail que le fimple journalier, & que dans le temps de guerre il a espérance de butiner, et de devenir appointé; puis caporal, puis sergent; mais il risque sa vie dans la guerre, & il est privé du plaisir de vivre en famille : ainsi pour lui faire toujours préférer la profession de soldat, il faudroit qu'il eût à dépenser par an, pour nourriture et entretien, un peu plus qu'il n'avoit dons son premier métier, autrement il songera toujours à quitter le métier de soldat.

Le Maréchal de Vauban, qui avoit comparé ces deux sortes de vies, avoit vu, par son estimation & par son calcul, que la solde de son temps ne suffisoit pas pour retenir dans leur métier les simples soldats; mais malheurement nous n'avons plus ce calcul.

Il en jugeoit encore par le traitement des soldats des autres nations, par la solde des soldats Espagnols, Hollandois & Anglois, chez qui les denrées qui servent à la nourriture & à l'habillement du soldat, sont à-peu-près au même prix que chez nous; et il disoit que leur solde, évaluée sur le pied de notre monnoie, est plus forte d'un tiers que la nôtre; traitement que les soldats savent bientôt par les prisonniers et connoissances, ce qui est très-propre à nous débaucher nos soldats.....

Il attribuoit à la foiblesse de notre solde présente cinq grands inconvéniens. Le premier étoit une beaucoup plus grande désertion de nos soldats que des soldats ennemis. Le second, c'est que la plupart de nos soldats, après avoir servi le tems de leur engagement, quittoient le service au lieu de s'engager de nouveau, faute de commodités suffisantes, que ne pouvoit pas leur donner une solde trop foible. Le troisieme, qui en est la suite, c'est que nos armées étoient beaucoup moins remplies de soldats de 15 ans, de 20 ans, de 30 ans de service, que n'étoient celles de nos ennemis

Le quatrieme, c'est que la désertion de nos soldats chez l'ennemi faisoit un double mal à l'état, puisqu'ils se fortifioient par la diminution de nos forces & par l'augmentation des leurs. Le cinquiéme, c'est qu'il falloit, à cause de la plus grande désertion et abandonnement, un beaucoup plus grand nombre de soldats de recrues, & qu'il avoit appris de vieux officiers qui servoient sous Louis XIII, qu'il y avoit alors dans les troupes la moitié plus de soldats de 20 ans de service, qu'il n'y en avoit de son temps; & que 30000 pareils soldats bien disciplinés, en eussent battu facilement 45000 mille de nos troupes d'aujourd'hui, parce qu'étant tous plus accoutumés à la fatigue & à la discipline, il étoit difficile de les rompre : ils savoient se rallier plusieurs fois & revenir au combat se saisir des postes avantageux: ils étoient plus robustes; ils perdoient moins de tems à se bien retrancher, à se bien camper, à se mieux mettre à couvert des injures des saisons, & faisoient beaucoup mieux tous les autres services militaires ; au lieu que la plupart des nouveaux soldats de recrue meurent souvent de maladie, faute de se bien gouverner. Ils ne savent ni se bien poster, ni se bien rallier promptement, ni se retrancher, ni se hutter comme il faut. *Rêves d'un homme de bien*, p. 125.

(37) M. de Voltaire a prétendu que la *Dixme royale* n'étoit pas de Vauban. M. Gaillard en a vu le manuscrit de la propre main du Maréchal. Le passage suivant ne permet plus d'en douter. Il est extrait du manuscrit de cet ouvrage.

« Je dis donc de la meilleure foi du monde, que ce n'a été ni l'envie de m'en faire accroire, ni de m'attirer de nouvelles considérations, qui m'ont fait entreprendre cet ouvrage. Je ne suis ni lettré ni homme de finance, & j'aurois mauvaise grace de chercher de la gloire & des avantages par des choses qui ne sont pas de ma profession : mais je suis Français, très-affectionné à ma patrie, & très-reconnoissant des graces & des bontés avec lesquelles il a plu au roi de me distinguer depuis si long-temps ; reconnoissance d'autant mieux fondée, que c'est à lui, après Dieu, que je dois tout l'honneur que je me suis acquis par les emplois dont il lui a plu de m'honorer, & par les bienfaits que j'ai tant de fois reçus de sa libéralité. C'est donc cet esprit de devoir & de reconnoissance qui m'anime & me donne une attention très-vive pour tout ce qui peut avoir rapport à lui & au bien de son état ; & comme il y a déjà long-temps que je suis en droit de ressentir cette obligation, je puis dire qu'elle m'a donné lieu de faire une infinité d'observations sur tout ce qui pourroit contribuer à la sûreté de son royaume, à l'augmentation de sa gloire, de ses revenus & du bonheur de ses peuples, dont je n'ignore pas que le bien ne lui soit très-cher, puisque plus ils en auront, moins il sera en état de manquer ».

Le duc de S. Simon nous apprend sur cet ouvrage des particularités intéressantes qui appartiennent à l'histoire de Vauban, & par conséquent méritent de trouver place ici :

« Patriote comme étoit Vauban, il avoit été toute la vie touché de la misere du peuple & de toutes les vexations qu'il souffroit. La connoissance que ses emplois lui donnoient de la nécessité de ses dépenses & du peu d'espérance que le roi fût pour retrancher celles de splendeur & d'amusemens, le faisoit gémir de ne voir point de remede à un accablement qui augmentoit son fardeau de jour en jour. Dans cet esprit il ne fit point de voyages, (& il traverfoit fouvent le royaume dans tous les biais) qu'il ne prît par-tout des informations exactes fur la valeur & le produit des terres, fur la forte de commerce & d'industrie des provinces & des villes, fur la nature & l'imposition des levées, fur la maniere de les percevoir.

Non content de ce qu'il pouvoit voir & faire par lui-même, il envoya fecrettement par-tout où il ne pouvoit aller, & même où il avoit été & où il devoit aller, pour être inftruit de tout & comparer les rapports avec ce qu'il auroit connu par lui-même.

Les vingt dernieres années de fa vie au moins furent employées à ces recherches, où il dépenfa beaucoup. Il les vérifia fouvent avec toute l'exactitude & la juftefle qu'il y put apporter, & il excelloit en ces deux qualités. Enfin il fe convainquit que les terres étoient le feul bien folide, & il fe mit à travailler à un nouveau fyftême. Il étoit bien avancé lorfqu'il parut divers petits livres du fieur Boisguilbert, lieutenant général au fiege de Rouen, homme de beaucoup d'efprit, de détail & de travail, frere d'un conseiller au parlement de Normandie, qui, de longue main, touché des mêmes vues que Vauban, y travailloit auffi depuis long-temps : il y avoit déja fait du progrès, avant que le chancelier eut quitté les finances; il vint exprès le trouver, & comme fon efprit vif avoit du fingulier, il lui demanda de l'écouter avec patience & tout de fuite, lui dit que d'abord il le prendroit pour un fou, qu'enfuite il verroit qu'il méritoit d'être écouté, & qu'à la fin il demeureroit content de fon fyftême. Pontchartrain rebuté de tant de donneurs d'avis qui lui avoient paffé par les mains & qui étoit tout falpêtre, fe mit à rire, lui répondit brufquement qu'il s'en rapportoit au premier, & lui tourna le dos. Boifguilbert revenu à Rouen ne fe rebuta point du mauvais fuccès de fon voyage. Il n'en travailla que plus infatigablement à fon projet, qui étoit à-peu-près le même que celui de Vauban, fans fe connoître l'un & l'autre. De ce travail naquit un livre favant & profond fur la matiere, dont ce fyftême alloit à une répartition exacte, à foulager le peuple de tous les frais qu'il fupportoit, & de beaucoup d'impôts, qui faifoit entrer les levées directement dans la bourfe du roi, & conféquemment ruineux à l'exiftence des traitans, à la puiffance des intendans, au fouverain domaine des miniftres des finances : auffi déplut-il à tous ceux-là autant qu'il fut applaudi de tous ceux qui n'avoient pas les mêmes intérêts. Chamillart, qui avoit fuccédé à Pontchartrain, examina ce livre, en conçut de l'eftime ; il manda Boifguilbert deux ou trois fois à l'Etang, & y travailla avec lui à plufieurs reprifes en miniftre dont la probité ne cherche que le bien. En même-temps Vauban, toujours appliqué à fon ouvrage, vit celui-ci avec attention, & quelques autres du même auteur qui le fuivirent. De-là il voulut entretenir Boifguilbert. Peu attaché aux fiens, mais ardent pour le foulagement des peuples & pour le bien de l'état, il retoucha fes plans de réforme, les perfectionna fur ceux-ci, & y mit la derniere main. Ils convenoient fur les chofes principales, mais non en tout. Boifguilbert vouloit laiffer quelques impôts fur le commerce étranger & fur les denrées à la maniere de Hollande, & s'attachoit principalement à ôter les plus odieux, fur-tout les frais immenfes, qui fans entrer dans les coffres de roi, ruinoient les peuples à la difcrétion des traitans & de leurs employés qui s'enrichiffoient fans mefure, comme cela eft aujourd'hui, & n'a fait qu'augmenter fans avoir jamais ceffé depuis. Vauban d'accord fur ces fuppreffions, paffoit jufqu'à celle des impôts mêmes. Il prétendoit n'en laiffer qu'un unique, & avec cette fimplification remplir également leurs vues communes fans tomber en aucun inconvénient. Il avoit l'avantage fur Boifguilbert de tout ce qu'il avoit examiné, pefé, comparé & calculé lui-même en fes divers voyages depuis vingt ans, de ce qu'il avoit tiré du travail de ceux que dans le même efprit il avoit envoyés depuis plufieurs années en diverfes provinces, toutes chofes que Boifguilbert, fédentaire à Rouen, n'avoit pu fe propofer, & l'avantage encore de fe rectifier par les lumieres & les ouvrages de celui-ci, par quoi il avoit raifon de fe flatter de le furpaffer en exactitude & en juftefse, bafe fondamentale de pareille befogne. Vauban donc aboliffoit toutes fortes d'impôts auxquels il en fubftituoit un unique divifé en deux branches, auxquelles il donnoit le nom de dixme royale, l'un fur les terres par un dixieme de leur produit ; l'autre, léger par eftimation, fur le commerce & l'induftrie qu'il eftimoit devoir être encouragés l'un & l'autre bien loin d'être accablés. Il prefcrivoit des regles très-fimples, très-fages & très-faciles pour la levée & la perception de ces deux droits fuivant la valeur de chaque terre, & par rapport au nombre d'hommes fur lequel on peut compter avec le plus d'exactitude dans l'étendue du royaume. Il ajouta la comparaifon de la répartition en ufage avec celle qu'il propofoit, les inconvéniens de l'une & de l'autre & réciproquement leurs avantages, & conclut par des preuves en faveur de la sienne d'une netteté & d'une évidence à ne s'y pouvoir refuser. Aussi cet ouvrage reçut-il les applaudissemens publics & les approbations des personnes les plus capables de ces calculs & de ces comparaisons, & les plus versées en toutes ces matieres, qui admirent la profondeur, la justesse, l'exactitude & la clarté; mais ce livre avoit un grand défaut, il donnoit à la vérité au roi plus qu'il ne tiroit par les vues jusqu'alors pratiquées; il sauvoit aussi les peuples de ruine & de vexations, & les enrichissoit en leur laissant tout ce qui n'entroit point dans les poches du roi, à peu de choses près; mais il ruinoit une armée de financiers, de commis, d'employés de toute espece, il les réduisoit à vivre à leurs dépens & non plus à ceux du public, & il sappoit par les fondemens les fortunes immenses qu'on voit naître en si peu de temps. C'étoit déja avoir de quoi échouer; mais le crime fut que cette nouvelle pratique faisoit tomber l'autorité du contrôleur-général, sa faveur, sa fortune, sa toute puissance, & par proportion celle des intendans des finances, des intendans de provinces, de leurs secrétaires, de leurs commis, de leurs protégés qui ne pouvoient plus faire valoir leur capacité & leur industrie, leurs lumieres & leur crédit, & qui de plus tomboient du même coup dans l'impuissance de faire du bien ou du mal à personne. Il n'est donc pas surprenant que tant de gens si puissans en tout genre, à qui ce livre arrachoit tout des mains, ne conspirassent contre un système si utile à l'état, si heureux pour le roi, si avantageux aux peuples du royaume, mais si ruineux pour eux. La robe entiere en rugit pour son intérêt: elle est la modératrice des impôts par les places qui en

regardant

regardent toutes les fortes d'adminiftration, & qui lui font affectées privativement à tous, & elle fe le croit encore avec plus d'éclat pour la néceffité de l'enregiftrement des édits burfaux.

Les liens du fang fafcinerent les yeux aux deux gendres de M. de Colbert, de l'efprit & du gouvernement duquel ce livre s'écartoit fort, & ils furent trompés par les raifonnemens vifs & captieux de Defmarets, dans la capacité duquel ils avoient toute confiance, comme un difciple unique de Colbert fon oncle qui l'avoit élevé & inftruit. Chamillart fi doux, fi amoureux du bien, & qui n'avoit pas, comme on l'a vu, négligé de travailler avec Boisguilbert, tomba fous la même féduction de Desmarets. Le Chancelier, qui fe fentoit toujours d'avoir été, quoique malgré lui, contrôleur-général des finances, s'emporta: en un mot, il n'y eut que les impuiffans & les défintéreffés pour Vauban & Boisguilbert, je veux dire dans l'églife & la nobleffe; car pour les peuples, qui y gagnoient tout, ils ignorerent qu'ils avoient touché à leur falut, que les bons bourgeois feuls déplorerent: ce ne fut donc pas merveille fi le roi, prévenu & invefti de la forte, reçut très-mal le Maréchal de Vauban lorfqu'il lui préfenta fon livre, qui lui étoit adreffé dans tout le contenu de l'ouvrage. On peut juger fi les miniftres à qui il le préfenta, lui firent un meilleur accueil. De ce moment, fes fervices, fa capacité militaire, unique en fon genre, fes vertus, l'affection que le roi y avoit mife, jufqu'à croire fe couronner de lauriers en l'élevant; tout difparut à l'inftant à fes yeux: il ne vit plus en lui qu'un infenfé pour l'amour du public, & qu'un criminel qui attentoit à l'autorité de fes miniftres, par conféquent à la fienne.

G

Il s'en expliqua de la sorte sans ménagement : l'écho en retentit plus aigrement encore dans toute la nation offensée, qui abusa sans aucune retenue de sa victoire; & le malheureux Maréchal porté dans tous les cœurs français, ne put survivre aux bonnes graces de son maître, pour qui il avoit tout fait, & mourut peu de mois après, ne voyant plus personne, consumé de douleur & d'une affliction que rien ne put adoucir, & à laquelle le roi fut insensible, jusqu'à ne pas faire semblant de s'appercevoir qu'il eût perdu un serviteur si utile & si illustre. Il n'en fut pas moins célébré par toute l'Europe, & par les ennemis mêmes, ni moins regretté en France de tout ce qui n'étoit pas financiers ou suppôts de financiers. Boisguilbert, que cet événement auroit dû rendre sage, ne put se contenir. Une des choses que Chamillart lui avoit plus fortement objectées, étoit la difficulté de faire des changemens au milieu d'une forte guerre. Il publia donc un livre fort court, par lequel il démontra que M. de Sully convaincu du désordre des finances que Henri IV lui avoit commises, en avoit changé tout l'ordre au milieu d'une guerre autant & plus fâcheuse que celle dans laquelle on se trouvoit engagé, & en étoit venu à bout avec un grand succès; puis s'échappant sur la fausseté de cette excuse par une tirade, de *faut-il attendre la paix pour* &c. Il étala avec tant de feu & d'évidence un si grand nombre d'abus sous lesquels il étoit impossible de ne pas succomber, qu'il acheva d'outrer les ministres déjà si piqués de la comparaison du duc de Sully, & si impatiens d'entendre toujours renouveler le nom d'un si grand seigneur, qui en a plus su en finance que toute la robe & la plume. La vengeance ne tarda pas, Boisguilbert fut exilé au fond de l'Auvergne : tout son petit bien consistoit en sa charge ; cessant de la faire, il tarissoit.

La Vrilliere, qui avoit la Normandie dans son département, avoit expédié la lettre-de-cachet ; il l'en fit avertir, & la suspendit quelques jours comme il put. Boisguilbert fut peu ému ; plus sensible peut-être à l'honneur de l'exil, pour avoir travaillé sans crainte au bien & au bonheur public, qu'à ce qu'il lui en alloit coûter. Sa famille fut plus alarmée, & s'empressa à parer à ce coup. La Vrilliere de lui-même, s'employa avec générosité ; il obtint qu'il fît le voyage, seulement pour obéir à un ordre émané qui ne se pouvoit plus retenir, & qu'aussi-tôt après qu'on seroit informé de son arrivée au lieu prescrit, il seroit rappelé. Il fallut donc partir. La Vrilliere averti de son arrivée, ne douta point que le roi ne fût content, & voulut en prendre l'ordre pour son retour ; mais la réponse fut que Chamillart ne l'étoit pas encore. J'avois fort connu les deux freres Boisguilbert ; je parlai donc à Chamillart ; ce fut inutilement : on le tint là deux mois, au bout desquels j'obtins son retour. Mais ce ne fut pas tout : Boisguilbert mandé, en revenant, essuya une dure réprimande, & pour le mortifier de tous points, fut envoyé à Rouen suspendu de ses fonctions, ce qui toutefois ne dura guere. Il en fut amplement dédommagé par la foule du peuple qui fut au-devant de lui, & les acclamations avec lesquelles il fut reçu. *Supplément*, tom. 2.

Voici ce que Vauban pensoit des obligations de chaque citoyen envers la patrie (Dîme royale, page 119.) Les tailles & les aides, dans lesquelles je comprends les douanes provinciales, étant ainsi converties en dixmes du vingtieme des fruits de la terre à percevoir en efpeces, il fe trouvera encore plus de la moitié du revenu des habitans du royaume qui n'aura rien payé : ce qui feroit faire une injuftice manifefte aux autres ; parce qu'étant tous également fujets & fous la protection du roi & de l'état, chacun d'eux a une obligation fpéciale de contribuer à fes befoins, à proportion de fon revenu ; ce qui eft le fondement de ce fyftême : car d'autant plus qu'une autre perfonne eft élevée au-deffus des autres par fa naiffance & fa dignité, & qu'elle poffede de grands biens, d'autant plus a-t-elle befoin de protection & intérêt que l'état fubfifte en honneur & autorité, ce qui ne peut fe faire fans de grandes dépenfes. (M. de Vauban n'exceptoit perfonne de la dîme royale). La troifieme partie de ces fonds doit être faite de la dîme au vingtieme de toutes les penfions, gages, dons, gratifications, & généralement de tout ce que le roi paie à tous fes fujets, de quelque rang, qualité & condition qu'ils foient : eccléfiaftiques ou laïques, nobles ou roturiers, tous ont la même obligation envers l'état & le roi ; ainfi, tous doivent contribuer, & à proportion de toutes les fortes de biens qu'ils reçoivent, à fon entretien & à fa confervation, & particuliérement de celui-ci, qui leur vient tout fait.

Ainfi cet article comprend les princes du fang & les étrangers, les ducs & pairs & les grands officiers de la couronne, les miniftres & fecrétaires d'état, les intendans des finances, les gouverneurs & lieutenans-généraux & particuliers des provinces, les gouverneurs, lieutenans de roi, d'état-major des villes & des places, les confeillers d'état, maîtres de requêtes, les intendans ou commiffaires départis dans les provinces, tous ceux qui composent les cours supérieures & subalternes du royaume, & généralement tous les officiers de longue & courte robe, de justice, police & finance, nobles ou roturiers, grands ou petits, qui tirent gages ou appointemens du roi, pension ou quelques bienfaits, d'autant que tous doivent se faire honneur & plaisir de contribuer aux besoins de l'état, à sa conservation, à son agrandissement, & à tout ce qui peut l'honorer & le servir. (Nul n'en étoit exempt.) Je composerai la quatrieme partie de ce fonds des gages & appointemens de tous les serviteurs qui sont dans le royaume, à compter depuis les plus vils, en remontant jusqu'aux intendans & capitaines des gardes du roi, ceux des plus grandes maisons, même des princes du sang & des enfans de France, lesquels ne subsistant que sous la protection de l'état, doivent comme leurs maîtres contribuer à son entretien, ainsi qu'il se pratique dans les états voisins. (En marge de ceci, on trouve la note suivante :) Il y a gens qui ont de la répugnance pour cet article; mais à mon avis, mal-à-propos, parce qu'à proprement parler, c'est une des conditions du bas peuple la plus heureuse, parce qu'ils ne sont jamais en soin de leur boire & manger, non plus que de leurs habits, couchers & levers; ce sont les maîtres qui en sont chargés pour eux : aussi voit-on toujours plus de gaîté & de joie dans les valets que dans les maîtres ».

On ne sait ce qu'on doit admirer le plus du courage ou du désintéressement de Vauban : écrivant au ministre sur la capitation qu'il venoit d'établir, il l'invite à moins charger les classes indigentes, à augmenter les charges des riches. Il représente que quoique imposé pour trois objets, il doit l'être pour les autres dont il est pourvu;

il marque au ministre que lui-même doit se taxer en raison des places qu'il possede. Une autre fois il écrit au même: » Je prends bien la liberté de dire au roi que je ne lui » demande rien, & que je ne veux que l'honneur de ses » bonnes graces : ce n'est pas faute de besoin ; j'en ai au- » tant & plus qu'un autre, mais pour ne lui être à charge » que le moins qu'il me sera possible dans un malheureux » tems comme celui-ci (1687) ». Rend-il compte des officiers servant sous ses ordres ? il demande que tout leur soit accordé. Si l'on joint à cette modération cet ardent patriotisme qui lui faisoit sacrifier tant de sommes pour faire lever des plans, pour ses correspondances dans le royaume, qu'il avoit parcouru dans tous les sens, pour se procurer des renseignemens sur tous les objets de l'administration, qui le faisoit secourir de pauvres officiers, &c. On ne sera plus étonné que malgré les bienfaits du roi, il n'ait laissé en mourant qu'une fortune médiocre.

(29) Vauban eut la satisfaction de voir ses préceptes suivis. L'auteur de la vie de Catinat remarque qu'au siège de Coni, la plupart des ingénieurs ayant été tués, on fut obligé de chercher dans différens régimens des officiers capables d'en remplir les fonctions. Il s'en trouva plusieurs. M. de Persy entr'autres, major du régiment de la Saarre, neveu du maréchal, y fut envoyé, *sans aucune complaisance pour M. de Vauban*. Il s'y distingua comme auroit pu faire un bon ingénieur de profession. Vie de Catinat, p. 72.

Vauban se vit revivre dans un de ses neveux, qui après avoir été son éleve, fut l'émule de ses talens. Antoine le Prêtre, Chevalier, comte de Vauban, lieutenant-général des armées du roi, grand-croix militaire de Saint-

Louis, gouverneur des ville & château de Béthune, ingénieur général & directeur des fortifications de l'Artois, fit son apprentissage de guerre dans les régimens de Champagne & de Normandie; entraîné par un goût héréditaire, il entra dans le génie, en 1674, & ce fut en cette qualité qu'il servit au siége de Besançon. Son oncle, qui apperçut en lui le germe du talent, donna tous ses soins pour le faire éclore, & dans tous les siéges qu'il fit, il l'eut toujours sous ses ordres. Ce fut en suivant les leçons de ce grand maître qui travailla à la construction de plus de soixante places nouvelles et à la réparation de plus de quatre-vingt anciennes, sous les yeux du maréchal: après avoir été subordonné, il conduisit en chef plusieurs siéges, et débuta par celui de Courtray en 1683; il y reçut une blessure à la main, dont il fut estropié le reste de sa vie. Quoique dans tous ces siéges il eût montré une intelligence supérieure, et sur-tout à celui de Brisac, où il conduisit l'attaque de la gauche, ce fut à la défense de Lille assiégée par Eugene et Marlborough qu'il mérita une place parmi les grands maîtres de l'art. Il consola la France de la perte de son oncle que la mort avoit enlevé l'année précédente.

Béthune, dont il étoit gouverneur, fut assiégée par des armées victorieuses; jamais défense ne fut plus mémorable: quoique la place fût mauvaise et mal fournie, elle résista pendant quarante-deux jours de tranchée ouverte. Tous les généraux le demandoient pour servir sous leurs ordres. Le Maréchal de Bervick l'employa avec succès au siége de Barcelonne. Ses services lui mériterent en 1731 les honneurs attachés au corps du génie dont il fut long-tems le doyen. La mort sembla le respecter, quoiqu'il eût vieilli environné des plus grands périls; il vit périr à ses côtés six cents ingénieurs, et ne reçut jamais que quelques blessures Chargé d'années et de gloire, il mourut à Béthune le 10 avril 1731. Cette ville qui l'aimoit et le révéroit comme son pere et son protecteur, fit graver sur son tombeau de marbre blanc cette épitaphe:

<blockquote>
Digne neveu, digne disciple du Maréchal de Vauban,
Elevé successivement à tous les grades militaires,
Toujours mérités, toujours remplis avec distinction,
D'un génie supérieur pour les fortifications, l'attaque & la défense des places,
Modele des Ingénieurs dans la défense de Béthune,
Prompt, exact, intrépide quand il a obéi,
Vigilant, plein de ressources, quand il a commandé,
Courtisan seulement par ses services,
Citoyen dans toutes ses vues,
Utile à la Patrie dans ses emplois,
Utile aux particuliers dans sa vie privée,
Toujours estimé, toujours aimé,
D'autant qu'il étoit vu de plus près:
Il mourut plein de jours & d'honneurs
En homme qui n'avoit craint que Dieu,
Plein de résignation en sa bonté.
</blockquote>

Vie de VAUBAN *par Turpin. Voyez-y les lettres-patentes qui érigent en comté la baronnie de St.-Pernin & la seigneurie de Boyer dans le Mâconnois, sous la dénomination de comté de* VAUBAN.

M. de Vauban avoit épousé Jeanne d'Aunoy, de la famille des barons d'Espiri, morte avant lui. Il en a laissé deux filles, madame la comtesse de Wille-Bertin, et madame la marquise d'Ussée.

L'aînée épousa le marquis de Mesgrigny d'Aunay; celui-ci eut pour fils le comte d'Aunay, lieutenant-général des armées du roi, pere de Marie-Claire-Aimée de Mesgrigny d'Aunay, qui épousa, en 1737, Louis le Pelletier de Rosambo, président du parlement. De ce mariage sont issus Louis le Pelletier de Rosambo, président du parlement, qui a épousé Antoinette-Marguerite-Thérese de Lamoignon de Malherbe, fille de M. de Malherbe, ministre d'état; & Charles-Louis-David le Pelletier de Rosambo, comte d'Aunay, chevalier honoraire de l'ordre de Jérusalem, chevalier de l'ordre royal & militaire de S. Louis, mestre de camp, commandant-inspecteur du régiment du Colonel-général cavalerie. Il s'est marié en 1772 à Louise-Elizabeth-Flavie du Chaftenet de Puiségur, petite fille du maréchal de France de ce nom.

La 2e. fille de M. le marquis de Vauban avoit épousé le marquis d'Ussée. Il ne reste point de postérité de cette alliance.

Le comte d'Aunay, grand-pere de M. le Pelletier, a légué par son testament à l'aîné de ses petits-enfans, les manuscrits de M. le Maréchal de Vauban, leur trisaïeul maternel, dont ils sont aujourd'hui les seuls représentans en ligne directe.

Le nom de M. de Vauban revit aujourd'hui dans la personne de M. le comte de Vauban, arriere petit neveu de ce grand homme.

(39) La guerre, dit Vauban, ne doit point exclure les officiers de la connoissance des belles-lettres; au contraire, je ne vois gueres de profession où elles soient

plus nécessaires que dans celle des armes. L'homme de guerre qui ne connoît que son épée, n'est pas capable de grandes choses; & telles gens ont ordinairement peu de fortune, & le peu qu'ils en ont est très-borné. Il ne tiendra cependant qu'à eux d'étudier & de se rendre habiles dans les sciences qui peuvent convenir à leur profession, si au lieu de s'occuper du jeu, du vin & des femmes, qui leur font perdre un temps infini & en ruinent la plus grande partie, ils vouloient bien y donner l'application nécessaire; car il seroit à souhaiter qu'il se trouvât des savans de toutes professions dans les armées, pour n'être pas obligé d'avoir recours à des gens de robe pour diriger les affaires de la guerre, rien ne ravalant tant les troupes que de les assujettir à cet égard à gens qui n'étant pas de leur profession, leur sont nouveaux & toujours étrangers, dont ils ne s'accommodent qu'avec peine; soit qu'ils les considerent comme des intrus qui leur enlevent des emplois qui devroient leur appartenir, ou qu'il y ait une espece d'antipathie entre la robe & l'épée, qui fait que les uns ne s'accordent point avec les autres; il est certain que naturellement ils ne s'estiment pas beaucoup & s'aiment encore moins.

Or, si l'homme de guerre, qui doit avoir senti le poids d'un mousquet & de ses accompagnemens, pendant un temps considérable, pouvoit joindre le savoir d'un homme de lettres à celui de l'homme d'épée, ou se rendre capable de pouvoir bien administrer les charges de commissaire, d'intendant d'armée, directeur des hôpitaux, d'envoyé chez les princes étrangers, pour négocier un cartel, quelque traité de neutralité, échange de prisonniers, diriger une capitulation, conduire la négociation d'une treve, ou les préliminaires d'une paix ; il y a beaucoup d'apparence qu'il s'en acquitteroit mieux que ceux qui n'ont aucune connoissance de la guerre, ni de ce qui peut y avoir rapport. P. 444 du 7e. vol. des Oisivetés.

(40) Indifférent pour toutes ses découvertes, il exaltoit le mérite de ses émules : il félicitoit les auteurs par ses lettres, & leur demandoit leur amitié, même sans les connoître autrement que par leurs ouvrages. « Je sais, dit Fontenelle, tel intendant de province, qu'il ne connoissoit point, & à qui il a écrit pour le remercier d'un nouvel établissement utile qu'il avoit vu en voyageant dans son département. Il devenoit le débiteur particulier de quiconque avoit obligé le public. »

« Lorsque l'académie des sciences, dit ailleurs le même écrivain, se renouvela en 1699, elle demanda au roi M. de Vauban, pour être un de ses honoraires.... Personne n'avoit mieux que lui rappelé du ciel les mathématiques, pour les occuper aux besoins des hommes ; & elles avoient pris entre ses mains une utilité aussi glorieuse peut-être que leur plus grande sublimité. »

Voltaire qui l'a placé dans la Henriade, avoit dit d'abord :

> Vauban sur un rempart, le compas à la main,
> Rit du bruit impuissant de cent foudres d'airain.

Le poète sacrifia la pompe de ces deux vers, parce qu'il sentit qu'ils manquoient de justesse, & leur substitua ces deux ci :

> Ce héros, dont la main raffermit nos remparts,
> C'est Vauban, c'est l'ami des vertus & des arts.

(42) Il mourut le 30 mars 1707, d'une fluxion de poitrine, accompagnée d'une grosse fievre qui l'emporta en huit jours, quoiqu'il fût d'un tempérament très-robuste, qui sembloit lui promettre encore plusieurs années de vie. Il avoit 74 ans moins un mois. Sa mort arriva pendant la guerre malheureuse que termina le traité d'Utrecht, par lequel on s'obligea à démolir le port de Dunkerque, le chef-d'œuvre de Vauban.

(43) De zélés citoyens, & à leur tête le Maréchal de Vauban, n'héfiterent point dans ces terribles conjonctures, à proposer la rétractation de tout ce qui s'étoit fait depuis neuf ans, le rétablissement des temples, le rappel des ministres, la liberté, à tous ceux qui n'avoient abjuré que par contrainte, de suivre celle des deux religions qu'ils voudroient, une amnistie générale pour tous les fugitifs, pour ceux même qui portoient les armes contre la France, la délivrance des galeres & la réhabilitation de tous ceux que cette triste cause y avoit fait condamner.

Vauban eut la noble assurance de présenter ce mémoire à Louvois. Il y déplore la désertion de cent mille François, la sortie de 60 millions, la ruine du commerce, les flottes ennemies grossies de neuf mille matelots les meilleurs du royaume, leur armée de six cents officiers & de douze mille soldats plus aguerris que les leurs. Il dit que la contrainte des conversions a inspiré une horreur générale de la conduite que les ecclésiastiques y ont tenue, & la croyance qu'ils n'ajoutent aucune foi à des sacremens qu'ils se font un jeu de profaner ; que si l'on veut poursuivre, il est nécessaire d'exterminer les protestans nouveaux comme des rebelles, ou de les bannir comme des relaps, ou de les enfermer comme des furieux, projets exécrables, contraires à toutes les vertus chrétiennes, morales et civiles, dangereux pour la religion même, puisque les sectes se sont toujours propagées par les persécutions, et qu'après les massacres de la St.-Barthelemi, un nouveau dénombrement des Huguenots prouva que leur nombre s'étoit accru de 110 mille ; que l'intérieur du royaume est ruiné, qu'il est peut-être de la sagesse de Louis XIV, de faire du bien aux protestans, avant que des traités l'y forcent, afin de ne pas en perdre le mérite vis-à-vis de ses sujets ; que la grandeur des rois se mesure par le nombre des sujets et non par l'étendue des états ; qu'il reste un seul parti, plein de charité, utile, convenable, politique, celui de les contenter ; et il finit par dire que la prudence, qui sait à propos se rétracter et céder aux conjonctures, est une des parties principales de l'art de gouverner.

(*Eclaircissemens historiques sur les causes de la révocation de l'édit de Nantes*, par M. de Rhullières, chap. XVII, p. 380, t. 1.

(44) Vauban & Catinat étoient fort liés entre eux. Lorsqu'il fut question de fortifier Cazal, M. de Catinat écrivit à M. de Vauban pour soumettre à ses lumières ses projets de fortification. « S'il entre du sens réprouvé dans mes projets, lui mande-t-il, faites-moi une correction en maître ; & par charité pour votre disciple, supprimez tout ce papier barbouillé. » Il parloit à un homme dont les talens & les vertus avoient mérité son estime. Ces deux vertueux généraux se connoissoient à fond. Unis d'amitié par la haute opinion qu'ils avoient l'un de l'autre, ils ne l'étoient pas moins par leur zèle pour le bien de

l'état & la gloire du monarque. Ces deux objets étoient la matiere des fréquentes conférences qu'ils avoient ensemble. Le public éclairé respectoit des heures si précieuses. M. de Fontenelle racontoit qu'étant près d'entrer un jour dans le cabinet de M. de Vauban, il entr'ouvrit la porte & vit ces deux hommes rares causer ensemble. *Je la refermai*, dit-il, *avec respect, honteux d'avoir pu déranger un moment un téte-à-téte si intéressant pour la France.* Vie de Catinat.

Le même biographe dit, page 180 : « Le travail du Maréchal, le plus intéressant pour l'humanité, fut une correspondance suivie avec M. de Vauban sur l'administration des finances des différens pays où la guerre les avoit conduits. Deux hommes aussi modérés ne cherchoient pas les moyens d'augmenter les revenus du souverain, mais ceux de repartir les impôts avec justice et de les percevoir à peu de frais. Ils discutoient l'administration des autres états, et de là est sorti ce grand ouvrage de M. de Vauban, dont les vrais hommes d'état desirent l'exécution arrêtée jusqu'à présent par les principes fiscaux. »

Le vertueux le Pelletier et Boisguilbert étoient aussi de la même société.

On ne sera peut-être pas fâché de trouver ici le portrait de la main du duc de St.-Simon, dont l'humeur caustique & maligne est si connue, et dans la bouche duquel un éloge n'est pas suspect, rapproché de celui qu'en fait Fontenelle.

Vauban s'appelloit le Prêtre, *petit gentilhomme* de Bourgogne, *tout au plus*, mais peut-être le plus honnête homme et le plus vertueux de son siecle ; et avec la plus grande réputation du plus savant homme dans l'art des siéges et de la fortification, le plus simple, le plus vrai, le plus modeste. C'étoit un homme de médiocre taille, assez trapu, qui avoit fort l'air de guerre, mais en même tems un extérieur rustre et grossier, pour ne pas dire brutal et féroce. Il n'étoit rien moins. Jamais homme plus doux, plus compatissant, plus obligeant, mais respectueux sans nulle politesse, et le plus avare ménager de la vie des hommes, avec une valeur qui prenoit tout sur lui, et donnoit tout aux autres. Il est inconcevable qu'avec tant de droiture et de franchise, incapable de se porter à rien de faux ni de mauvais, il ait pu gagner au point qu'il fit l'amitié et la confiance de Louvois et du roi. Ce prince s'étoit ouvert à lui un an auparavant, de la volonté qu'il avoit de le faire Maréchal de France. Vauban l'avoit supplié de faire réflexion que cette dignité n'étoit point faite pour un homme de son état, qui ne pouvoit jamais commander les armées, ce qui le jetteroit dans l'embarras, si, faisant un siége, le général se trouvoit moins ancien Maréchal de France que lui. Un refus si généreux et appuyé de raisons que la seule vertu fournissoit, augmenta encore le desir du roi de la couronner. Vauban avoit fait cinquante-trois siéges en chef, dont une vingtaine en présence du roi, qui crut devoir le faire Maréchal lui-même, et honorer ses propres lauriers, en donnant le bâton à Vauban. Il le reçut avec autant de modestie qu'il avoit marqué de désintéressement. Tout applaudit à ce comble d'honneur, où aucun autre de ce genre n'étoit parvenu avant lui, et n'est arrivé depuis. » Supplément, tome 4, page 7.

On reconnoît à ce trait l'exécutif entêtement du duc de St.-Simon sur la noblesse. « Jamais, dit Fontenelle, les traits de la simple nature n'ont été mieux marqués qu'en lui, ni plus exempts de mélange étranger. Un sens droit et étendu, qui s'attachoit au vrai par simpathie, et sentoit le faux sans discuter, lui épargnoit les longs circuits par où les autres marchent; d'ailleurs sa vertu étoit en quelque sorte un instinct heureux et si prompt qu'il prévenoit sa raison. Il méprisoit cette politesse superficielle dont le monde se contente et qui couvre tant de barbarie; mais son humanité, sa libéralité lui composoient une autre politesse, qui étoit toute dans son cœur; il seyoit bien à tant de vertu de négliger les dehors, qui, à la vérité, lui appartiennent naturellement, mais que le vice emprunte avec trop de facilité. Quoiqu'accablé de bienfaits, il eut la gloire de laisser une fortune médiocre. Passionné pour son roi, sujet plein d'une fidélité ardente et zélée, et nullement courtisan, il eût mieux aimé servir que plaire. Personne n'a été aussi souvent que lui, ni avec autant de courage, l'introducteur de la vérité: il eut pour elle une passion presqu'imprudente et incapable de ménagement. Ses mœurs ont tenu bon contre les dignités les plus brillantes et n'ont pas même combattu: c'étoit un Romain qu'il sembloit que notre siecle eût dérobé aux plus heureux tems de la république. Éloge de Vauban.

On trouve ce couplet dans une chanson faite alors à l'honneur des maréchaux de Chamilly, de Rozen, d'Uxelles, de Montrevel, de Tallard, de Tessé, de Vauban, d'Harcourt, de Villars, de Cœuvres, etc.

Prend-on quelque place
Où Vauban n'ai part?
Il n'est bastion, ni rempart,
Dort l'épaisse masse
Résiste à son art.

FIN.

www.ingramcontent.com/pod-product-compliance
Lightning Source LLC
Chambersburg PA
CBHW070527100426
42743CB00010B/1989